投资的智慧

佟冉 / 著

中国商业出版社

图书在版编目（CIP）数据

投资的智慧 / 佟冉著. -- 北京：中国商业出版社，2025.1. -- ISBN 978-7-5208-3239-7

Ⅰ. F830.59-49

中国国家版本馆 CIP 数据核字第 202408NV50 号

责任编辑：聂立芳
策划编辑：张　盈

中国商业出版社出版发行
（www.zgsycb.com　100053 北京广安门内报国寺 1 号）
总编室：010-63180647　编辑室：010-63033100
发行部：010-83120835/8286
新华书店经销
天津和萱印刷有限公司印刷
*
880 毫米×1230 毫米　32 开　5.625 印张　92 千字
2025 年 1 月第 1 版　2025 年 1 月第 1 次印刷
定价：49.80 元
* * * *
（如有印装质量问题可更换）

前言
PREFACE

投资大师查理·芒格（Charlie Thomas Munger）说过："走到人生的某一个阶段时，我决心要成为一个富有之人。这并不是因为爱钱的缘故，而是为了追求那种独立自主的感觉。我喜欢能够自由地说出自己的想法，而不是受到他人意志的左右。"

从赚钱方面来说，没有任何一项技能可以比学习理财投资，在时间上的性价比更高！从思维方面来说，学习理财更能带我们接触不同的领域，打破我们的固有思维，打开新世界的大门。

学习理财是一个长期的过程，很难一蹴而就。一蹴而就的都是投机，边学边进行实操是非常重要的。在实操的过程中吸取经验，反复探索，如此循环，才能最终积攒出属于自己的理财知识体系。

本书会手把手地指导大家，如何给自己设立财务目标，然后每个月开始储蓄！指导理财投资、积累财富、衣食住行、子女教育等现实中的各种问题，从控制生活中不必要的消费开始。当理财计划执行完毕，你就"买"回了自己的时间，相信读者会喜欢这本书。

目 录
CONTENTS

第一章　一条小狗带来的启发 ／ 001

第二章　通货膨胀如此可怕！／ 013

第三章　如何做好开源节流？／ 025

第四章　比勤奋更能决定人生的是"复利思维"／ 035

第五章　一定要做到无后顾之忧 ／ 045

第六章　想买保险，该如何下手？／ 057

第七章　如何不被当"韭菜"收割？／ 067

第八章　投资中的 X 个陷阱 ／ 073

第九章　什么是"小白"投资的标配？／ 083

第十章　为什么我总是亏钱？／ 091

第十一章　一款稳赚不赔的"神器"／ 101

第十二章　指数投资，助力普通人拥有百万资产 ／ 107

第十三章　教你搭建家庭资产配置金字塔 ／ 115

第十四章　场内、场外购买基金，开户避坑 ／ 123

· I ·

第十五章　好的投资组合，应该满足"黄金三角"／129

第十六章　幸福家庭的资产配置／135

第十七章　用量化思维来衡量职场与学习／147

第十八章　普通人如何投资股票？／153

第十九章　手把手教你捕捉优质基金／165

第一章

一条小狗带来的启发

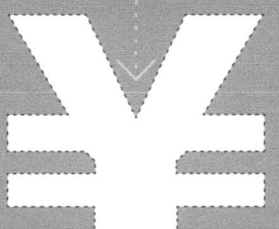

第一章
一条小狗带来的启发

我们的主人公小姑娘吉娅,家庭背景跟大多数工薪阶层家庭差不多,虽说不至于穷得揭不开锅,但钱总不够用。

家里生意受到了经济衰退的影响,每个月还完房贷后,剩下的钱只够支付各种开销,日子过得紧巴巴的。

吉娅有一个攒钱出国旅游的梦想,她的父母不仅不支持,还嘲笑她需要攒一辈子的钱才能办得到。而且吉娅的妈妈认为"钱会带给人们不幸,普通人家的孩子永远不会成为百万富翁"。

在这种情况下,吉娅身边出现了一条名为钱钱的拉布拉多犬,它从全新的角度告诉吉娅,该如何看待金钱,如何处理与金钱的关系。

读到这里,我想先让大家明白一个道理:"想理好财,就要有正确的金钱观。"

好啦,我们继续往下看……

吉娅的妈妈经常把"钱会让人变坏,钱会给人带来不幸"挂在嘴边,而且用来教导女儿。但吉娅却很渴望金钱,因为有钱可以轻易地实现自己的梦想。

这时,小狗钱钱对吉娅说:"爸爸妈妈之所以陷入经济困境,是因为他们在像你这么大的时候没有学会理财的艺术。"也就是说,经济困境的源头和人本身有关,和金钱一点关系都没有。

这个说法,在吉娅认识的新朋友陶穆老奶奶那里得到了印证。

陶穆是一位思想独特又有钱的老奶奶。她有一个特殊癖好,就是喜欢在家里的地下仓库放金条、珠宝和现金,然后时不时拿出来看一看、摸一摸,这让她感觉很好。

有一天,吉娅意外发现老奶奶的地下室有被偷的痕迹,立刻报警,帮她保住了财产。

吉娅就问:"把这么多钱放在家里,不怕被偷吗?"陶穆老奶奶说:"用非法手段取得不义之财的人,反而会比没钱的时候感觉更糟糕。"

因为对于小偷来说,这些钱只能挥霍一段时间,用完之后还得操心以后怎么躲过警察的追捕,弄到更多的钱。

作者在这里总结了一个道理:金钱是中性的,没有好坏之分,它能成为我们生活中非常强大的动力,在一定程度上提高总体生活水平。

虽然有了钱,我们能更容易地实现目标和梦想,但最终是幸福还是不幸,与人的本性有很大的关系。

就如吉娅,作为一个 12 岁的小姑娘,她的梦想是出国旅游。

第一章
一条小狗带来的启发

可现在爸爸妈妈整天为财务问题头疼，根本没时间考虑其他，于是吉娅只敢想一些容易实现的目标，比如买张喜欢的 CD 之类的。

这时小狗钱钱鼓励她应该把自己的愿望都写下来，然后不断提醒自己，这就是我最想实现的目标。

小狗钱钱说，大多数人并不清楚自己想要的是什么，他们只知道自己想得到更多的东西。

但是这种梦想是无效的。解决办法就是把目标量化，做个相册展示出来。每天看看这些图作为动力。

看到这里，估计很多人觉得这是不是有点"鸡汤"。当然，只有梦想相册是不行的，如果只活在梦想里，就是在做白日梦。

所以小狗钱钱给出的建议是：先准备一个梦想储蓄罐，把省下的每一分钱都放进去。

12 岁的吉娅没有收入，如果只靠爸妈给的零花钱，她必须攒很久才能实现愿望。于是小狗钱钱又提醒她：考虑事情不要先考虑做不成的原因。

将来哪怕有更多的收入，吉娅也会面临更多新的困难，支出永远随着收入而增长。

所以，现在手里总共有多少钱，并不决定你未来到底是富有还是贫穷，重要的是怎样使用它。

储蓄罐的作用在于量入为出，在这个基础上，你才有能力获得更多的钱。

让我们来回顾一下，要想成为有钱人，首先你要列出梦想清单，然后为它们建立一个梦想相册，每天看着它们，让自己产生强大的挣钱动力，想到就去做，为梦想存钱，量入为出。

为梦想而行动，要坚持两个原则，一个是要把精力集中在你能做的事情上，还有一个就是不断坚持。

然而很显然，只靠爸妈给的零花钱来实现梦想太不现实。吉娅的妈妈就很不赞同："几块钱就想去国外旅游？等到你攒够了钱，已经过去50年了！"

听到这样的评价，吉娅反而更加坚定了自己的想法，而且开始考虑打工挣钱的事情了。

于是小狗钱钱给吉娅讲了一个名叫达瑞的小男孩如何赚取人生第一桶金的故事。

达瑞8岁的时候，某天想看一场电影但是没有钱。他没向爸妈要，而是自己调制了一种汽水在街边卖。当然，除了他的爸妈之外，没人买。

达瑞把这次失败经历告诉了一个商人，商人给了他两个重要的建议：第一个建议，尝试为别人解决一个难题，你就能赚到钱；第二个建议，把精力集中在你知道的、你会的和你拥有的事物上。

达瑞在他12岁的时候就成了一名畅销书作家，

第一章
一条小狗带来的启发

吸引了一些电视台邀请他参加节目。通过做电视节目和广告收入，他挣的钱比以前翻了无数倍，当达瑞17岁的时候，就已经成了百万富翁。

小狗钱钱总结说，达瑞就是把精力集中在了他能做的事情上，这个决定让一个孩子完全有能力比成人挣到更多的钱。因为成人经常把一生的时间都用来考虑他们不能做的、没有的或不知道的事情上。

人一生中要关注的事情很多，但只有那些我们最关注、投入精力最多的事情，成功的可能性才最大。遗憾的是，很多人把精力放在了自己并不喜欢的事情上。

吉娅受到启发，很快想到自己喜欢遛狗，她可以帮助邻居遛狗赚取服务费。于是她鼓起勇气敲开了几家邻居的大门，说了她的想法，没想到生意不错。这时候小狗钱钱以前的主人突然出现，想从吉娅身边带走它。

钱钱是吉娅捡回来的小狗,吉娅为了把钱钱留在身边,花了不少时间和它前主人争取,最终留下了钱钱。可钱钱却不太高兴地说:"为了处理这些乱七八糟的事情,你已经有好几天没有看梦想相册了。"

你看,很多没有钱的人爱犯的错误就是,总有那么多紧急的事情要做,以至于没有时间来关注重要的事情。

"要坚持"说得容易,做到却真挺难的。在这里,我们提出两个重要的行动准则:"10分钟法则"和"72小时规定"。

所谓10分钟法则,就是必须每天不间断地去做对未来意义重大的事情,为此花费的时间可能不会超过10分钟,但就是这10分钟会让一切变得不同。

72小时规定是指,当你决定做一件事情的时候,必须在72小时之内快速完成它,否则你很可能拖拖拉拉,最后热情消失殆尽,以后永远不会再做这件事了。

我们总结如下:要赚取人生第一桶金,就应马上开始行动,从你喜欢的事情入手,尝试为别人解决一个难题,或者把精力集中在你知道的、你会的和你拥有的事情上。但是不要被生活中临时发生的各种状况打乱脚步,无论什么时候都不要忘记自己定下的重要

第一章
一条小狗带来的启发

目标,每天至少抽 10 分钟的时间去做一些有助于目标达成的事情,一旦决定做什么事,必须在 72 小时之内完成它。

后来吉娅的遛狗事业发展迅速,生意越做越大,这时她已经存下人生第一笔不菲的梦想资金。

那么问题来了,这些钱已经可以实现她出国旅游的梦想了,这时到底是花掉这些钱还是继续存着呢?

吉娅的一位商人朋友和小狗钱钱分别给出了建议。

商人朋友讲了一个故事:一个农家小伙儿意外地发现家里的鹅能下金蛋,但是这只鹅每天只下一个蛋,贪婪的小伙儿等不及,直接杀掉鹅剖开肚子看。自然,他以后再也得不到金蛋了。

鹅就代表手中的钱,它能为你带来利息,利息就是金蛋。人们总是迫不及待地拿出钱去实现愿望,但全部用光就等于杀掉了那只鹅,最佳的做法是,当你有了一定收入,把收入的50%变成鹅,剩下的50%做其他事情。要让你的钱变成一只会下"金蛋"的鹅。鹅代表着你要存钱,金蛋代表着你要学会投资理财,让钱生钱。

于是吉娅决定把50%的收入存入银行,40%放进梦想储蓄罐,剩下的10%用作日常花销。

但商人朋友告诉吉娅,虽然现在她有了属于自己的存折,可存折也是一个"吞钱机器",因为从这里得到的利息抵消不了通货膨胀带来的损失。

打个比方,现在你可以用5块钱买一个面包,几年以后一个面包卖10块钱,5块钱只能买到半个面包,你的钱这时只值原来的一半了,这就是通货膨胀。

但是吉娅并不担心。还记得前面我们提到的陶穆老奶奶吗?她成立了名为"金钱魔法师"的投资俱乐部,教吉娅和她的小朋友们投资理财,她选了两种最有代表性的投资方式——基金和股票,为孩子们讲解股票挣钱的原理是什么?什么是股东和股权?怎么进行分红?等等。

当然,股票属于风险较大的投资,陶穆老奶奶更推荐孩子们购买基金,因为基金风险较小,容易操作。

吉娅和小伙伴们学到了这些新知识之后非常兴奋,但长辈们比较焦虑,害怕他们会把所有的钱都亏光。

陶穆老奶奶说,跟大自然的变化一样,交易所里也有四季更替,循环往复,有跌就有涨,有涨就有跌。所以,要保持平常心。

总结一下,想要让你的钱变成一只会下"金蛋"

第一章
一条小狗带来的启发

的鹅，最好养成存钱的习惯。

不过，存钱得到的利息并不能抵消通货膨胀所带来的损失，所以，要学会投资。

>>>> **总结**

（1）要树立正确的金钱观。金钱是中性的，没有好坏之分，它能成为我们生活中非常强大的动力，在一定程度上提高总体生活水平。虽然有了钱，我们能更容易地实现目标和梦想，但最终是幸福还是不幸，与你自己的本性有很大的关系。

（2）把成为有钱人当作目标，列出梦想清单，挑出其中最渴望实现的几个，为它们建立一个梦想相册，每天看着它们，幻想自己实现梦想之后的生活，因而产生强大的挣钱动力。想到就去做，拿出梦想储蓄罐，为你的梦想存钱，量入为出。

（3）为目标而行动。从你喜欢的事情入手，尝试为别人解决一个难题，或者把精力集中在你知道的、你会的和你拥有的事物上，就能赚到人生第一桶金。

（4）别乱花钱。让你的钱变成一只会下"金蛋"的鹅，养成存钱的习惯，再学会投资。投资方法有很多种，你可以试试稳健的基金和风险大但收益也大的股票。

第二章

通货膨胀如此可怕!

第三章

第二章
通货膨胀如此可怕！

通货膨胀无处不在并且是一种货币现象。

无论你是靠房租收入，还是投资股票、基金等获得收益，只要是"躺"着就能挣到的钱，都叫被动收入。而通过复利让钱生钱是普通人实现财务自由最简单的途径。

提到理财这件事儿，我想，在大多数人眼里应该是这样的：收益怎么样？我们从中能赚多少钱？理财不就是跟钱挂钩嘛！但事实上，光看收益是远远不够的。

想必很多人都有过试图尝试通过投资理财实现财务自由的想法，但往往以失败告终。

失败的原因，不是因为我们接触到的理财产品年化收益过低，就是因为自己本金不多，觉得实现财务自由没有希望，从而忽视理财。其实这些观念是不正确的。

在此要纠正以下大多数人会有的理财错误观念：

（1）理财就是单纯为了赚钱。把赚钱当作唯一目标，就是对理财没有一个清醒的认识。

（2）没钱或者钱少就不能理财。这是错误的，因为越没钱越要尽快理财，坚持理财，这样才能改善自己的生活状态，提高生活品质，最终实现财务自由。

可能有人要问了，理财真的那么重要吗？那我该怎么做呢？

从现在开始，我会带着大家一起寻找开启财务之门的钥匙，把理财中最重要的知识一步步分享出来，帮你快速掌握理财技能，把你的财务雪球滚动起来。相信当你从理财小白训练营结业的那一天，一定会收获满满，开启财务自由之旅。

我主要跟大家分享以下三方面的内容：

（1）为什么一定要理财？

（2）怎样才算财务自由？

（3）如何实现财务自由？

先来看一组数据，看完之后就会明白为什么一定要理财。

据国家统计局2019年数据显示，一些二、三线城市的GDP增速比一线城市还要快，比如，我国中部地区的长沙、武汉、郑州的增速成功逆袭，分别为8.5%、8.3%、8.2%。在经济改革的背景下，二、三线城市的GDP持续升高，说明二、三线城市正在崛起。

再来看看二、三线城市的收入情况。

近年来，二、三线城市一个月的人均可支配收入大约是5000元，最低也可能有3000元。

那么，他们的生活成本呢？

第二章
通货膨胀如此可怕！

在二、三线城市里，大多数人都是买房子住，每个月还房贷大概要 4000 元；孩子上学加上赡养父母，每月要 2000 多元。这样综合下来，每人每月要 6000 元左右的花销，这些还不算买房、买车一次性投入的钱。

和一线城市相比，在二、三线城市实现财务自由并不是一件容易的事，毕竟经济状况比不上，工资水平也处于天平的高处，轻飘飘的。一个月花费大约 6000 元，那么要实现个人财务全年自由，需要 72000 元。

再来看北京这样的一线城市的情况。

在北京这样的一线城市，买一套房大概要 500 万元，培养一个孩子大概要 100 万元，买车加养车的成本大概 30 万元。这还没有算上日常的开销，如养老、医疗等。

这样算算，600 多万元瞬间就被消耗完了，而且还得考虑通货膨胀这个"怪兽"。为什么要叫它怪兽呢？

在回答这个问题之前，先来解释一下什么是通货膨胀。通货膨胀听起来可能过于学术，还有点小陌生，但是如果换成另外一个词，你一定会觉得无比亲切，那就是物价上涨。

通俗地说，通货膨胀就是，你的钱开始变得不值钱了。

例如，曾经只要十几元钱 500 克的猪肉，竟然卖到了三四十元钱 500 克。人们纷纷惊呼，吃不起猪肉了。20 世纪七八十年代的万元户放到现在，连温饱问题都解决不了，这就是通货膨胀的破坏力。

这样算下来，一辈子赚的钱，如果只存在银行，差不多会缩水 1/3。想一想是不是觉得很心疼？

你可能会问，物价难道只升不降吗？可以非常负责任地告诉你，任何国家基本上都无法杜绝通货膨胀，因为想要经济增长就必须要有适度的通胀。像美国这样的发达国家，也要保证 1%～2% 的通货膨胀率，经济才会健康。而像我们中国这样的发展中国家，需要容忍更高的通货膨胀率，才能保障经济增长的稳定。

也就是说，钱一直走在贬值的路上，只是偶尔回头，你才发现工资的增长根本无法抵御通货膨胀，它像一把无形的镰刀，无论你看得见还是看不见，都在暗中收割你的财富。所以，我们把通货膨胀称为"怪兽"。

可能你觉得自己已经衣食无忧，甚至还有点小富裕。但是随着时间的推移，哪怕是维持同等的生活水

第二章
通货膨胀如此可怕!

平,你花的钱也会越来越多,而你剩下的钱购买力却越来越低,过不了多久你就会发现自己变成了一个穷光蛋。

讲到这里可能有人会问,通货膨胀的杀伤力如此大,悄无声息地在抢钱,我们要怎样做才能战胜通货膨胀呢?答案是:只有通过理财让咱们的资产动起来,让钱为我们工作,才能战胜通货膨胀。

现在你知道理财的重要性了吧!

可能接着你又会问,通过理财战胜通货膨胀好像并不难,但理财能进一步改善我们的生活,帮我们实现财务自由吗?

别急,先给你解释一下,怎样才算财务自由?

人人渴望的财务自由的状态就是被动收入大于支出。支出就是日常的花销,这个大家都能理解。那么什么叫被动收入呢?

所谓被动收入,就是我们不用上班、不用出卖自己的时间所换来的收入。无论你是靠收房租得到的收入,还是投资股票、基金等获得的收益,只要是"躺"着就能赚到的钱,就叫作被动收入。

举例来说,如果你每个月有2万元钱的被动收入,而你每个月总支出只需要1.5万元,那么你就可以自豪地喊出:"我实现财务自由啦!"

财务自由的本义并不是已经有了多少可支配资金，而是当你不工作的时候也不必为金钱发愁，并且有正当渠道获得现金收入。当我们的工作不再是获得金钱的唯一手段时，你就获得了自由安排人生的基础，可以有足够的财务和时间做自己想做的事儿，这才真正实现了财务自由。

一个真正财务自由的人，应该是既有钱，又有闲，同时要保持一颗平常自由的心。什么意思？比如，你通过理财获得了被动收入，就毫无节制地去消费、去买豪车、去赌场滥赌，那么无论你有多少钱，也会很快花光的。因为人的欲望是无限的，如果你的支出不作控制，那么你永远不可能实现财务自由。

富人的定义不是说一个人有多少钱，而是有能力让自己不断地拥有更多的钱。也就是大家平时常说的"越有钱的人就越有钱"。

最后我们再来说一下如何实现财务自由，答案就是——复利。

某企业家曾经讲过一个例子，如果一个人每年存1.4万元，同时每年获得20%的投资收益，那么40年后猜他会有多少钱？答案是惊人的1.028亿元。试想一下，如果拥有1个多亿的资产，那么我们的生活又会是什么样子呢？是不是感觉很富有？

所以，通过复利让钱生钱是普通人实现财务自由最实际的途径。难怪爱因斯坦把复利称为世界第八大奇迹。

那么什么是复利呢？在这里给大家讲一个"24美元买下曼哈顿"的故事。

曼哈顿岛是纽约市的一部分，1626年，当时的荷兰总督彼得·米纽斯（Peter Minuit）花了大约24美元从印第安人手中买下了曼哈顿岛。到了2000年1月1日，曼哈顿岛的价值已经达到了约2.5万亿美元。

以24美元买下曼哈顿岛，彼得·米纽斯无疑占了一个天大的便宜。但是，如果转换一下思路，彼得·米纽斯也许并没有占到便宜。

如果当时的印第安人拿着这24美元去投资，按照11%（美国近70年股市的平均投资收益率）的投资收益计算，到2000年，这24美元将变成214万亿美元，远远高于曼哈顿岛2.5万亿美元的价值。

如果按照7%的复利的话，24美元如今也大约值2.3万亿美元，基本能做到跑赢通胀和保值、增值。

那么，影响复利收益的主要因素有哪些呢？

第一个因素——本金。

本金越多，最终收益越大，但是，实际上本金的影响其实没有那么大。

第二个因素——收益率。

收益率的影响非常大。一年赚5%和一年赚15%,差别是显而易见的。我们在本金不多的情况下,就要努力提高自己的投资能力,增加自己的收益率啦。

从100万元开始,收益率5%、10%……30年后的差异,是大家意想不到的,简直吓人。

第三个因素——投入的时间。

对于普通人来说,只有时间才是最重要的,其他条件都不会相差很多。

幸运的是,复利理论中最重要的也是时间,就是说,哪怕是同样的收益率,每个月投入的本金一样,22岁和32岁开始投资,最后的差距也是很大的,理财结果会相差2~3倍。简单来说就是,你越早理财越好。要知道即使同样的投资收益,如果晚5年投资,等到60岁退休的时候,你的收益会比别人少65%。

看了下面这个例子你就明白了。

我有两个大学同学,二胖和大兵,他俩现在都是上班族。从20岁开始,二胖每个月定投500元,平均年化收益率保持在10%左右。他投资了7年后就不再定投,让已有的本金和获利继续成长。那么算下来,等到60岁退休的时候,本息金额可以高达150

多万元。在二胖定投了7年之后，大兵也开始学习二胖的理财方式，每个月定投500元，他让我帮忙算一下，按照同样10%的年化收益率，他需要多少年才能赶上二胖？测算结果让他大吃一惊。

大兵需要持续定投33年，本息金额才能达到150多万元。也就是说，只因为晚了7年，要达到同样的目标，一个定投7年，一个则需要定投33年。

所以说理财一定要趁早，因为早理财7年的时间也许就是一辈子的差距，收益率和本金就不难理解了，你的收益率越高，投入的本金越多，在同等条件下总收益就越高。之后我还会告诉你怎样提高理财收益率，怎样快速积累本金，这样你和同龄人的财务差距就会进一步拉大，你距离财务自由就会更进一步。

实际上穷人比富人更需要理财，只有通过理财投资，才能让如一潭死水般的工资翻滚起来，才能让自己摆脱财务困境，提高生活品质，重新燃起对财务自由的梦想。

▶▶▶▶ **总结**

（1）为什么一定要理财呢？一是为了获得更多财富，提高生活品质；二是为了抵御通货膨胀，守住我们的血汗钱。

（2）什么是财务自由？财务自由就是被动收入大于支出。

（3）如何实现财务自由呢？答案是通过复利实现的。

三大要素是：理财时间越早越好，收益率越高越好，投入的本金越多越好。

今天的开始会决定你的未来。积累自己的小金库，让本金增多，有效提高收益率，让你的财富雪球越滚越大。

第三章

如何做好开源节流?

第三章

如何做好天长期流

第三章
如何做好开源节流？

想做好开源节流，就一定要了解什么是资产，什么是负债。

资产就是能把钱放进我们口袋里的东西；负债就是把钱从我们口袋里取走的东西。

日常生活中，凡是不必要的东西都属于"拿铁因子"，稍后，我们会来解读什么是拿铁因子。

通过阅读上一章节，相信你已经认识到了通胀对财富的侵蚀，同时也了解了复利释放出来的巨大能量。相信你也明白了理财的重要性以及通往财富自由的奥秘。

那么现在的你是不是对自己的理财前途更有信心了？接下来本书将带你开始探索钱生钱的方法，教你如何获得人生最重要、最珍贵的第一桶金，如何开源节流。

这一章，主要跟大家分享以下三方面的内容：

（1）想要钱生钱，必须先弄懂什么是资产，什么是负债；

（2）如何积累人生的第一桶金；

（3）为什么说理财思维是成为富人的必备条件。

说到钱生钱，也许你会迫不及待地想知道具体的实现方法，好让手里的钱生出更多的钱。但是不要着急，我们必须先弄清楚资产和负债是什么？

为什么呢？

想必很多人都知道有一本书叫《富爸爸穷爸爸》。这本书的作者罗伯特·清崎认为，富人和穷人最大的区别是富人获得资产，穷人只有支出，而中产阶级购买他们以为是资产的负债。所以我们要想成为富人，迈向财富自由之路，首先要分清楚资产和负债。

在这里很多人可能会问，这还不容易吗？资产就是房子、车子……负债就是跟别人借钱、向银行贷款。

真的是这样的吗？现在我要很负责任地跟大家说：当然不是！

其实分清资产和负债并不难。简单来说，资产就是能把钱放进我们口袋里的东西；负债就是把钱从我们口袋里取走的东西。换句话说，资产是给我们不断带来收入的东西。比如你买入一台照相机，每天为别人拍照能赚不少钱，而且赚的钱远远高于运转照相机所花的费用，那么这台照相机就是你的资产。

这里大家可以想一下，如果我们买了一辆车，是资产还是负债呢？

车买来之后可不是直接就能免费用了，我们要支付保险，要加油，还要保养……车还有折旧费，那么这样算下来，自己家里的车，很明显就是负债。

那么房子是资产还是负债呢？作为咱们自己住的房子，每个月是不会给我们带来现金收入的，反而我们还要偿还贷款、交物业费等，这就是负债。但如果一套房子是用来投资出租用的，能赚取租金，还完贷款、付完物业费之后，还有现金流入，那么这就是能给你带来现金流的资产。

还有一个关键点，我们判断资产和负债的时候，先不要去想卖出去的时候是否能获利，而是要看持有的时候是否能不断地为你赚钱。

资产和负债不是固定不变的，像之前所说的车是负债，但是如果我们把车租出去带来现金流，那么负债就又变成资产了。

那么，相信现在你已经可以弄清楚自己的资产和负债了，而且已经知道要想致富，只需要不断买入资产就行了。

下面就来讲一讲如何让你的钱越来越多，从而可以买更多的资产。

你可能会觉得自己每个月的工资一到手就花得差不多了，不负债就不错了，哪有多余的资金去钱生钱啊。我有一个同学，也曾经有过这样的感触。他在参加工作的前5年，虽然工资一直在涨，可银行账户还是只有几千元。月薪4000元的时候，交完水电费，买完吃的、喝的后，就成了月光族；月薪6000元的时候，除了必要的生活开支，再买几件衣服也是月光；等到月薪1万多元了，除了必要的花销之外，还要健身，给家里添点摆件，依然是月月光。总之，他就是典型的月光族。后来学习了理财知识，他找到了自己月光的真正原因，那就是"拿铁因子"在作怪。

你可能会问："什么是拿铁因子？"拿铁因子这个词是由作家兼金融顾问大卫·巴赫首先提出的，源于一个小故事。

有一对小夫妻，每天早上起来至少要喝两杯拿铁。有一天他们的理财顾问告诉他们，如果每天少喝两杯拿铁的话，30年下来就可以省下70多万元。这个数字把他们惊呆了。

简单来说，拿铁因子就是日常生活中一切不必要的开销，比如说口红、咖啡、冰激凌、零食等，这些我们想要，但不是必要的东西，都是拿铁因子。拿铁因子如同伸向我们钱包的怪手，在不知不觉中就偷走了我们的钱。

要想保护好自己的钱包，应该适当抛弃拿铁因子。有些小伙伴们可能会问了，难道为了攒钱我就要牺牲生活质量吗？就要委屈自己吗？有没有什么两全其美的方法呢？

第三章
如何做好开源节流？

当然有啦。首先你要对自己的每笔花费做到心中有数。具体的办法就是把自己的支出分为三类，即必要的、需要的和想要的。

什么意思？

简单来说，必要的支出就是你必须要花的钱。比如说你用在吃饭、喝水上的开销是必不可少的，这部分钱就是必须要花的。

需要的就是，在必要之外，能够稍微改善生活质量的支出。比如说每天喝一杯牛奶补充营养，偶尔吃个冰激凌改善心情，等等。

想要的就是，在必需品之外，能够满足虚荣心的东西，比如说名牌包包、珠宝首饰等，总之就是各种可有可无的物品。

如果有时候还是分不清楚的话，教大家一个简单的思考方法，就是当我们面对一个购买决策的时候，我们可以先问自己：不买就活不下去了吗？以后买会活不下去吗？买便宜的活不下去吗？

分清楚以上三种需求之后，支出就要尽量减少，把钱只花在必要和需要两个部分。开始可能会觉得有点困难，不过一旦形成习惯之后，你每个月就能攒下起码 10% 的工资了。

比如，你的月薪是 6000 元，你每个月定投 500

031

元，如果按照10%的年化收益率来算，三年之后你就能收益2万多元，5年后能收益近4万元，10年之后能收益10万元，30年之后就能收益100万元了。

而且，在这个过程中，你的薪水是不断上涨的，所以真实收益要比这些数据高出很多。

是不是有一种财富雪球越滚越大的感觉？这就是为自己积累第一桶金最有效的方法。有了第一桶金，你就可以去投资更多的资产。

总结下来，获得第一桶金的方法就是——开源节流。也就是说，你用现有的钱去配置资产，获得更多收入的同时尽量减少不必要的支出，坚持下去，你的小金库就会不断变大，然后再去买更多的资产，让钱生出更多的钱，这样，你距离财富自由就越来越近了。

有的人可能要有疑问了，如果这么简单的话，岂不是人人都能实现财富自由了？然而，事实却并非如此。道理很简单，有几个人能真正做到呢？只有真正坚持下来的人才会有意想不到的收获。

有一句话说得很好，我们常常高估自己一天能做的事情，反而低估了自己一年能做的事儿。

富人之所以能够成为富人，是因为他们有不同于常人的头脑，也就是我们所说的理财思维。在他们的头脑里，理财已经成了一种习惯，即使因为某些原因失去了财富，他们也有办法重新拥有。

我们现在要做的就是建立这种富人的理财思维，找到致富的途径。比如通过复利积累第一桶金，让财富滚动起来。当这种理财思维变成行动并形成习惯时，你就会发现自己已经自然而然地领先同龄人了。

>>>> 总结

（1）要想钱生钱，一定要弄懂资产和负债：资产就是把钱放进你口袋里的东西，负债就是把钱从你口袋里取走的东西，要多置资产，远离负债，才能走向财富自由之路。

（2）开源节流才能让自己的资产不断壮大，保证必要，追求需要，偶尔想要，消灭拿铁因子。

（3）建立自己的理财思维，设定理财目标，找到适合自己的理财方式，然后持之以恒地执行。

要告诉大家的是，想要只是一个念头、一个想法，而真的想要才是一种强烈的野心和企图心。有了野心和企图心，才会专注，才会让我们每一次的选择都是一致的。只有一致性才会有积累，而持之以恒的积累，最终会让我们达到成功的目的。

我们会在积累的过程中享受无限的快乐。财富的

▍▍投资的智慧

积累过程是妙不可言的,一旦我们明白这个道理,就会全力以赴,有恒心、有毅力地不断学习,提升理财技能,努力让自己进步。

第四章

比勤奋更能决定人生的是"复利思维"

第四章
比勤奋更能决定人生的是"复利思维"

这个世界上有很多投资攫取利润的手段，我觉得最重要的方式之一就是"复利"。复利，被爱因斯坦称为世界第八大奇迹。利用复利的力量，我们完全可以成为人生的赢家。

什么是复利？复利是一种计算利息的方法。比如我们在存款的时候，当月的本金+利息会被计算到下个月本金里，这就是复利，也称"利滚利"。和复利相对应的单利是指按照固定的时间、成本计算利息。

复利的公式是：

最终收益＝本金×（1+收益率）^时间

复利和单利的概念听起来是不是还有点懵？下面来算一笔账，你就能很好地理解复利和单利的区别。

假设本金 10 万元，利率 10%，如果是单利的话，到 50 年以后，一共会收获 60 万元，其单利的计算方法为：

100000×10%×50+100000（本金）= 60 万元

但如果复利的话，结果却是 1174 万元，其复利计算方法为：

100000×（1+10%）^50 = 1174 万元

如此看来，在利率保持不变的情况下，复利比单利要高出 1114 万元，所以复利比单利要有优势得多。

复利和单利，在初期的时候，差别并不是很大。

037

比如，同样是投资 10 万元，到第 10 年的时候，二者也只是相差 5.9 万元，可是随着时间的拉长，差别会越来越大，第 50 年的时候，单利是 60 万元，而复利达到 1174 万元，简直是天壤之别！

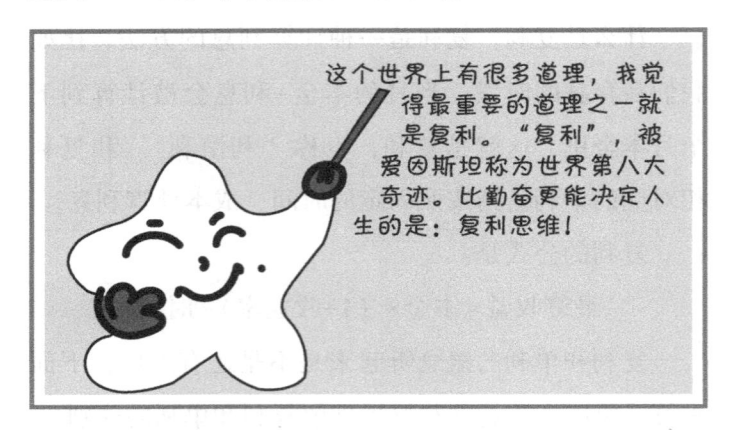

> 这个世界上有很多道理，我觉得最重要的道理之一就是复利。"复利"，被爱因斯坦称为世界第八大奇迹。比勤奋更能决定人生的是：复利思维！

这就是复利的神奇之处。在刚开始的时候复利效应是很微小的、不易察觉的，但当发展到一定阶段就会产生非常惊人的效果。

影响复利的因素有哪些呢？从复利的公式中，我们可以看出，影响复利的三大要素分别是：本金、时间和收益率。

（1）本金。本金越多，最终收益越大，这是肯定的。但是，本金的影响其实没有那么大，而且本金在短期内是很难改变的。

（2）收益率。对复利影响非常大的因素，就是收

第四章
比勤奋更能决定人生的是"复利思维"

益率。一年赚3%和一年赚10%,差别非常大。

(3)时间。大多数人都是依赖工资结余进行投资的。我们年轻时最可能犯的大错误就是,总想着还有明天,想把一切责任都交给明天的自己,而不是把握当下。

不同年龄开始投资,同样的本金和收益率,收益也会产生巨大差距。复利的魔法是在漫长的时间中发挥魔力的。前10年,几乎是平平的一条直线。10年以后,复利就开始起飞了。

如果你行动的时间晚了一点,那么你的投资回报就会少很多。所以,执行力强的人往往会提前行动,争取时间,让复利发挥出最大的力量。

复利既然有正,那么肯定有负。我们推迟投资的每一天,复利都会发挥反向的作用,原因就是——通货膨胀!

我们的资产一直在被通货膨胀吞噬着,你推迟投资的每一天,通货膨胀都会发挥复利的反向作用,你与别人的差距也会越来越大。

所以,很多年轻人说没钱,或是没钱理财,其实,年轻人最大的理财优势就是——时间。

20岁的100元和30岁的100元能一样么?

20岁的100元可以比30岁多积累10年的复利。

所以说，投资时间很重要，越早开始越轻松。

以储备养老金为例。假如你从30岁开始每月拿出200元做基金定投，如果按10%的年利率来计算，你在65岁时会有多少养老金呢？答案是：765655.34元。

之所以200元能换来76.5万元，是因为你让金钱为你工作了35年！

如果从年轻的时候就开始有储备养老金的意识，其实储备的过程是非常轻松的；而等到40岁、50岁的时候，再想着储备养老金，那就很吃力了。

以上关于投资上的复利，总结如下：

复利是由本金、时间和收益率共同决定的！虽然短期内我们无法增加本金，但只要把握住时间和收益率，也能让复利产生巨大的威力！

为什么要给大家讲复利这个话题呢？

在此首先提一个问题："投资"到底是人生的选修课还是必修课？

其实在很早以前，我还一直都认为投资只不过是人生当中一个非常重要的选修内容。我认为如果人这辈子有投资收益，会让生活过得更加轻松；如果没有投资，那么生活无非是艰难一些，过得清贫一些罢了……

后来，我发现我之前的想法大错特错！

第四章
比勤奋更能决定人生的是"复利思维"

投资不是选修课,而是你必须精通的一项技能,一项刚需技能!尤其是对于独生子女这一代人。

为什么这么说呢?不懂投资难道就不能过好日子了吗?

答案是:恐怕对于国家计划生育政策下出生的这一代人来说,是这样的。

如果不懂得投资,未来你的生活很可能寸步难行。大概有人会问,这么说是不是危言耸听了啊?

如果你是独生子女,你的爱人也是独生子女,那么不好意思,很可能你真的就是最近100年以来中年生活危机最严重的那一代人!

现今的家庭结构很可能是人类历史上最特别的结构,如今,最普遍的是"421型"家庭结构,或者"422型"家庭结构。那么,什么是421型家庭或是422型家庭呢?

就是上面有四个老人,中间是独生子女一代的夫妻,下面是一个孩子或者是二孩政策开放后的两个孩子。

从官方的数据来看,家庭结构当中的劳动人口,小于50%,甚至在422型家庭中,劳动人口只占可怜的25%。

一个大家庭八口人,处于青壮年时期的、不需要人照顾的只有两个人……这个数据是一个细思极恐的事情。

再说说中年危机。中年人的父母大都70岁上下，需要人照顾；孩子大都上中学，也需要人陪读照顾；事业上定型，很难再有上升机会；等等。总之，中年是一个问题集中爆发的时期。

例如，小张的父亲有兄弟姐妹3人，对于小张的父亲来说，养老的责任，只需要承担三分之一就好。但是一旦小张的爷爷奶奶住院，兄弟姐妹3人轮换护理老人依旧显得很吃力。

设想一下，15年后当独生子女这一代人步入中年，四个老人两个孩子，都由小两口照顾时，会是怎样一个情景？

在以前，如"人口老龄化"这类词语，可能我们只会在一些新闻中听见。

可是当我们真正意识到自己身处老龄化的社会环境之下，才会真切感受到在这个特殊的时代背景下，我们的生活压力有多大。

我常问自己一个问题：等到10年后，我因为需要照顾家庭，而没有大把时间去赚钱的时候，我靠什么去支撑自己的家庭不出问题？

第四章
比勤奋更能决定人生的是"复利思维"

大家也可以问问自己这个问题。

对于这个问题,可行的方案就是理财投资,让财富累积起来。

当依靠出卖时间换取"主动收入"无法有效的时候,我们能够仰仗的,可能真的就只有投资带来的"被动收入"了。

我的一个邻居,他母亲已经退休了,每个月的退休金并不高,但是仍然能够在家里需要钱的时候,拿出一大笔钱来。为什么呢?因为这位老人家,之前就进行基金投资。

大家想象一下,一个70多岁的人,本来可以什么都不用再做,仅依靠退休金生活就可以,却通过投资获得远远高于退休金的收入,是不是很牛?

我们在理财的同时,也可以引导一下我们的父母,为他们的退休金作好规划。我们也可以努力,争取以后成为像这位老人一样优秀的人,在老去的时候也能岁月静好。

所以,请大家不要再把投资当作一个可有可无的选修课了,在我看来,这件事甚至是比高考科目还要重要的必修课,真的会关系到我们家庭未来的幸福。

这个世界从来没有什么一步登天,相信复利的力

投资的智慧

量！也相信投资的必要！

现在开始行动，永远不晚，别被时间拉开你与幸福的距离。

第五章

一定要做到无后顾之忧

第五章

— 家家均有天台與之小

第五章
一定要做到无后顾之忧

保险能够为我们的人生保驾护航，可以免去我们为了健康和生活恨不得卖房卖地的痛苦。保险是要买一些的，但一定要遵守主次原则，首选买给家庭"经济支柱"，也就是家里无论是经济还是精神都"挑大梁"的那个人。

在投资前，应该先做好家庭保障。

理财创造更独立、更自由的生活。我们已经知道，开源节流可以积累人生的第一桶金，也知道购买资产可以让钱生出更多的钱，那么现在你一定会问我应该配置哪些资产呢？

在回答这个问题前，我们先来认识一个名词——理财金字塔。理财金字塔是由不同理财产品叠加而形成的塔形资产配置方案，下面，我们先了解一下理财金字塔的结构。

简单来说，理财金字塔是按照各类资产的风险和收益由低到高进行排列的。我们可以把理财金字塔自下而上分为三部分。

金字塔的最下面是保险，用来确保安全。虽然保险不像其他金融产品一样可以快速获利，但它却是基础性的，它能为自己和家人构筑安全保障。

金字塔的中间部分是储蓄，主要包括现金和活期存款等，它的主要作用是保证资产的流动性，应该算是无风险、无收益并且流动性最强的资产。

金字塔的上半部分由投资型产品构成,主要用来追求收益。像国债和基金等都属于风险较低、收益也偏低的产品。而位于金字塔塔尖的股票和期货就属于高风险、高收益的产品了。本章我们主要讲的是金字塔的底座产品——保险,主要包括以下几方面的内容:

(1)为什么要配置商业保险?

(2)在家庭中优先给谁买保险?

(3)买什么保险最适合自己?

(4)花多少钱买保险才合适?

首先来聊一聊,为什么要配置商业保险?

保险是理财金字塔的底座,是理财布局中最关键的一个环节。在电影《我不是药神》里有一个很经典的片段:一个老人对着来抓贩卖仿制药物代理的警察时哭着说:"我病了3年,4万块一瓶的正版药,我吃了3年,房子被吃没了,家被我吃垮了。谁家还没个病人,你能保证一辈子不生病吗?我不想死,我想活着。"

这位老人想要活着,她并没有错,可是她又不想因为她的疾病和求生的欲望拖垮整个家庭,真是进退两难。所以,我们要清楚,生老病死都是人必须要经

第五章
一定要做到无后顾之忧

历的事情,当我们发生重大的意外开支的时候,保险能够给我们保驾护航,可以免去我们卖房卖地的痛苦。

在一些发达国家,人们工资的 1/3 是用来买保险的,把生病、养老等通通交给保险公司去打理,剩余的工资用来储蓄、投资或者消费,完全没有后顾之忧,让自己自由享受生活的乐趣。

仔细想一想,这不就是我们理财的初衷吗?

一位商界名人曾经说过,别人都说他很富有,拥有很多财富,其实真正属于他个人的财富是给自己和家人买了充足的保险,但是在很多家庭里,保险却是最容易被忽视的。

曾经有统计机构对大众的首选理财方式做过抽样调查,调查的结果是:50 名调查对象中只有 4 人选择了保险,仅占到 8%。大部分人对保险的理解还存在一个误区,那就是单位缴纳的社会医疗保险已经足够了。

在这里想提醒大家的是,医保仅仅能给予我们最基本的医疗保障,而如果真的发生意外和重大疾病的时候,医保能起到的作用就很有限了。医保有很多限制条件,比如只能报销一定比例的医药费,剩余的要自己补交;一些药效极好但价格昂贵的进口药品不能报销，需要自己掏钱等。也就是说，如果真的出现了重大疾病，或者发生了重大的意外事故，很多医疗费用都是要自己承担的，这对于一个普通家庭来说几乎是无法承受的。而选择商业保险就能解决这个问题，保险会承担大部分的费用。

关于商业保险的重要性，现实中身边的例子有很多。有一位女导演，年薪20万元，生活过得很轻松，但自从患乳腺癌以后，30岁的她花光了自己所有的存款，还背负了十几万元的外债。现在她最后悔的就是当初把一个保险推销员拒之门外。

我有一个特别优秀的大学同学，30多岁就成了企业高管，年薪近百万，虽然经常健身的他身体很健康，但他还是为自己买了一份每年10万元保费的保险，连续交20年，保额是500万元，结果投保的第2年他就被查出了白血病，直接获赔500万元。更幸运的是，他很快找到了合适的骨髓配型，顺利进行了骨髓移植手术。在家人的悉心照料下，他很快恢复了健康。因为有足够的资金保障，这次重大意外并没有对他的生活状况造成太大的影响。

之前因为家里有病人，所以我常和一些医生打交道。有一位我熟悉的肿瘤科医生在聊到他从医多年的感受时讲道，虽然保险在大家心中的形象不是特别

第五章
一定要做到无后顾之忧

好,但是,一旦得了病,他都会希望病人有一份重疾险。这样,病人在治疗和恢复的时候心态会好很多,恢复的速度往往比经济条件不好的人要快。有的病人甚至因为经济条件不好而放弃了治疗,只能忍受着病痛的折磨,等待死神的降临,也是很令人痛心的。

从这些事例中我们就会体会到保险的重要性。谁都无法预测明天和意外哪个先到来,所以抗风险能力低的普通家庭更需要一份保险作为最后一道屏障。

那么,在家庭中,首先要给谁买保险呢?

关于给谁买保险这个问题,一般人会先想到老人和孩子,而年轻人作为家庭的顶梁柱,往往被排到最后。给孩子买保险,主要是觉得孩子弱小,难免会出点小状况,而且孩子小保费也便宜;给老人买保险主要是因为老人年龄大了,容易患各种疾病。但是你有没有想过,如果作为家庭支柱的你倒下了,这才是对整个家庭最大的冲击。毕竟老人和孩子最基本的生活保障,都指望着你。所以说买保险要遵守主次原则,要首选家庭经济支柱。

通常,对于年迈的父母来说,子女是其最大的保障;对于年幼的孩子来说,父母是其最大的保障;对于二人家庭来说,经济收入高的人是另外一个人的保障;如果一个人生活,那么自己就是自己最大的保障。按照这个方法就能在买保险的时候轻松排出主次顺序了。

再聊聊第三个问题，买什么保险最适合自己？

说到买保险，我们生活中最常见的保险主要有三类，即意外险、健康险和寿险。

首先聊一聊意外险。如果你每天浏览新闻就会发现，意外离我们并不遥远，小到扭伤、烫伤，大到车祸、空难，意外事故每天都在我们身边上演。如果一个家庭的"顶梁柱"遇到大的意外，那么对于这个家庭来说就是天塌了，而意外险就是用来抵御这种风险的。你可能会说，只要多加小心，意外就不会发生在自己身上。那么，说明你肯定没有看过统计局的这组数据：在中国，每年非正常死亡的人数超过320万人，平均每天有8767人死于意外事故，相当于每分钟就有6人死于意外。每个人在一年中意外死亡的概率是2.6/1000人。所以，保费相对较低的意外险是保险配置中的重要选择。对于家庭的顶梁柱来说，意外险可以说是一个必选项了。

另外一个必须考虑的险种是健康险。健康险一般分为医疗险和重疾险。医疗险其实就是医保的补充，它的特点是：被保险人一旦生病符合保险中的条款，则医疗的费用就可以按照合同规定报销，其保障范围

第五章
一定要做到无后顾之忧

比较广泛。

再谈谈重疾险。顾名思义，重疾险就是重大疾病的保险。当被保险人被确认为指定范围内的重大疾病，就能获得保险公司的理赔。有人也许会有疑问，医疗险什么疾病都能保障，还有必要再买重疾险吗？其实这两者的区别在于：其一，医疗险报销是在出院之后凭发票才能报销，而重疾险是确诊之后就能赔付保额；其二，异常大病带给我们的除了动辄几十万元的医疗费用外，还有因病损失的收入、恢复费用、健康保健费用等，这些往往也是一个家庭无法承受的。而医疗险只能报销其中的医疗费用，那么未来的生活保障就要靠重疾险来扛了。有数据表明，现在年轻人生病、住院、死亡的概率，并不亚于中年人，他们罹患某种重大疾病的概率甚至比年纪大的人还要高。所以说最好在年轻的时候就购买健康险，因为在这个时候患病的概率低，保费也便宜。

最后一项是寿险。在现实生活中，我们听过很多悲惨的故事，比如说一个家庭支柱成员离世，导致他的家人丧失经济来源，陷入生活困境。如果他之前购买过寿险，那么他的家人就可以得到一笔较高的赔偿，情况也就不至于那么糟糕了。这里说的寿险是以人的寿命为保险标的，通俗点说就是如果生命消失了，可以留下钱给需要的人。

一般情况下，家庭收入主要来源的夫妻二人都应该购买寿险，而退休的老人和未成年子女可以无须购买寿险，当然，如果有足够的资金支持，也可以考虑购买。那么知道应该购买什么保险之后，保险要花多少钱才合适呢？

你可能已经从保险推销员那里听说过"双十原则"。第1个"十"是，你每年交给保险公司的保费占家庭收入的10%左右；第2个"十"是，保险公司承诺赔付的保额达到家庭年收入的10倍。如每年的家庭收入为10万元，按照"双十原则"计算，则每年的保费不要超过1万元，保额最好是达到100万元。当然，"双十原则"并不是所有人都适用的标准原则，比如那些身价不菲的商人，根本就不需要购买占家庭收入10%的保险，因为那可能是一个庞大的数字；而对于一些连温饱都没有解决的贫困家庭来说，毕竟首先要解决的是生存问题，因此，购买保险需要量力而行。

对于大部分普通家庭来说，保费过高会影响当前的生活质量，保费过低则又难以抵御风险。所以建议在实际运用中把"双十原则"作为参考，在此基础上上下浮动5%都是正常的。如年收入20万元的家庭，每年的保费在 1 万~3 万元就足够了，标准保额应该在 100 万~300 万元这个区间。

总而言之，这个世界上没有最好的保险，只有最适合的保险。因此我们在购买保险时，应根据自己的实际需求和风险承担能力去选择适合自己的保险。

▶▶▶ 总结

（1）理财金字塔是按照各类资产的风险和收益由低到高进行排列的，最下面的是各类保险产品，中间是储蓄产品，包括现金和活期存款等，上半部分是各种投资产品。

（2）为什么要配置商业保险？商业保险是保护伞，可以把未来生活中许多不可预知的风险转嫁给保险公司，给家庭带来持久的安全感。

（3）在家庭中，买保险要遵守主次原则，首选家庭经济支柱。

（4）买什么保险最适合自己？常见的险种主要有三大类：意外险、健康险和寿险。意外险是保险配置中的重要选择，家庭顶梁柱的备选；健康险分为医疗险和重疾险，医疗险是医保的补充，被保险的人一旦生病医疗的费用都可以报销；重疾险，当被保险的人被确诊为指定范围内的重大疾病，就能获得保险公司的理赔，医疗险只能报销其中的医疗费用，一旦患上重大疾病就只能靠重疾险来扛了。

（5）保险买多少才合适？一般遵守"双十原则"，即每年的保费占家庭年收入的10%左右；保险公司赔付的保额达到家庭年收入的10倍。

相信在看了本章之后，大家对保险会有一个全新的认识。保险和医生一样都是能拯救生命的，医生用医术治病救人，保险公司用金钱来救人，而且往往能拯救整个家庭。

第六章

想买保险,该如何下手?

第六章

感天杀地，奈何不了手?

第六章
想买保险，该如何下手？

风险其实是人类社会无法避免的。死亡、疾病、失业、车祸……这些都可能对我们的生活造成很大的影响。

农业靠天吃饭；做企业投入大，失败概率高……我们每天都面临着众多的不确定性，因此，出现了保险这个行业。

小亮是当年和我一起工作的同事，结婚两年多，女儿一岁左右，夫妻二人都是"80后"，独生子女，父母身体都还健康，不用太操心，算得上是幸福的小家庭。

幸福止于2016年4月，小亮在下班开车回家的途中，和一辆混凝土车相撞，当场死亡。

小亮的突然离开压垮了整个家庭。70万元的房贷，每个月的日常花销，还要照顾年幼的孩子和4位老人，所有的重担都落在了小亮妻子一个人的肩上。原本令人羡慕的幸福家庭，转眼间因为家庭支柱的倒下，陷入了绝望和崩溃！

如果小亮此前在健康的时候能给自己购买一份意外险，情况就不会如此糟糕了。

虽然保险无法减轻小亮妻子失去丈夫的精神打击，但是保险的赔偿金，起码能在物质上大大补偿这个家庭，使其不至于陷入困境。

像小亮家这样因意外欠债、因病返贫的案例不胜枚举，而保险的核心作用就是在风险事故发生后，对家庭收入的损失进行补偿，避免发生财务危机。

人们总是抱有各种各样的侥幸心理：我还年轻，我身强体壮；买保险？还是等手头宽松了再说吧；意外总是发生在新闻里……

殊不知，世事无常，风险无处不在，在人的一生中，意外和重疾就像置于我们头上的达摩克利斯之剑，无法预测，只能应对。

有的人可能会说："我有社保。"但是社保只是国家最基础的一种保障机制，因受到起付线、封顶线、社保报销目录的限制，根本无法应对重疾和死亡这样巨大的风险。

如果想有全面的保障，最佳的配置方案就是社保+商业保险。

意识到保险的重要性后，我们来看看，该如何给自己和家人买一份合适的保险。

提起保险，很多人都觉得贵、麻烦、不知怎么入手。实际上这些都是你懒惰和故步自封的说辞而已，花一点时间学习了解，买保险很简单。

目前主流的家庭多是三口之家，所以，大多数保险的解决方案都是针对三口之家的。那么三口之家怎么配置保险呢?

科学投保有五大原则：先大人、后小孩；先规划、后产品；先保额、后保费；先保障、后理财；先人身、后财产。

(一) 先大人，后小孩

在上有老、下有小，前有房贷、后有车贷的普通中产家庭中，应该先给谁投保？答案是家庭经济支柱。

在普通中产家庭里，最应该给夫妻俩买保险。因为经济支柱一旦出问题，整个家庭都会遭受重创。老人、小孩都会受到影响，毕竟他们才是老人和小孩的最大保障。

(二) 先规划，后产品

买保险，要先规划产品类型。如何规划？根据你的家庭目前面临哪些风险，然后对症下药。

保险需要组合配置，而不是单独只买一种。因为生活中，我们面对的风险主要有三种，意外、重疾和死亡，因此我们需要配置的保险也有三种，即意外险、重疾险和寿险。疾病和意外离我们并不远，因此在配置保险的时候要考虑重疾险和意外险。

那为什么还要提到寿险呢？因为重疾和意外所承担的责任，都只是人身保险的其中一个部分，有一些风险并不属于重疾和意外。

比如,跑马拉松猝死,这是一种因为平时锻炼不够,突然剧烈运动,或是一些其他原因而导致的死亡。在保险条例上,猝死不算重疾也不算意外,如果我们只配置了重疾险和意外险,是得不到赔偿的。

再比如,去蹦极、漂流,做极限运动,如果出现事故,意外险也是不赔的,但是这个时候,寿险会赔。

(三) 先保额,后保费

要确定保额和预算,最简单的方法,就是利用之前所讲的双十原则,而精准的方法,是利用现金流法。具体如下:

寿险额度=家庭的全部负债+家庭成员未来生活费+子女教育费+父母赡养费。在购买保险前,可以根据这个公式简单地估算。

实际上,保费占家庭年收入的5%~15%都是合理的,过低会保障不足,过多则降低了资金效益。

(四) 先保障,后理财

保险分为消费型保险和返还型保险。而返还型保险,就是在消费型保险基础上的变身升级,从一开始的以保障为目的,变成以投资为主要目的,保障反而成了次要目的。当然,保费相对也比较贵。

第六章
想买保险，该如何下手？

不建议大家买返还型保险。返还保费型产品，由于保费最后要返还客户，因此保险公司只能在保险期间用你的保费去做投资，而且投资的收入必须覆盖理赔成本和保险公司的经营管理费用，也就是说，返还型保费的本质就是你的保费先借给保险公司投资，保险公司保证投资做得很好，投资收入可以弥补参保人万一出险发生的理赔，以及保险公司的运营成本，等保险满期再连本带利返还给参保人。

如果看到这里，还是看不懂。那么再看一组数据实例。

用1万元买一款返还型保险，一旦发生事故可以拿到50万元赔偿，而如果没有发生事故，20年后保险期满能拿回1.15万元，也就是说，不但可以拿回本金1万元，还得到了1500元的利息。如此分配，多数人应该都会觉得心理平衡。

但是，如果我只拿2000元钱，就可以买一个非返还保费型保险，也就是一个纯保障目的的消费型产品，保额同样也是50万元。而保险期满后，因为保险有效期内没发生事故，这2000元钱不再返还，但省下的8000元钱可以拿去投资，即使随便放在余额宝里，也能达到年化3%的收益。这是一般人都能轻而易举做到的投资收益，20年后可以得到1.28万元，比1.15万元还要多。

所以，买保险的目的并不是给我们增加收益，毕竟拿钱去投资，比它的回报要多得多！

（五）先人身，后财产

现实生活中，有车族都会为自己的车买保险，却忽略为自己投保人身险；企业主会为企业投保财产保险，却不为自己投保人身险。

这实际是出现了本末倒置的问题，先给自己投保，再给财产投保，这才是正确的做法。

人是创造财富者，没有人，也就没有财富的积累。因而消费者在考虑买保险时，一定要分清主次，处理好人身保险和财产保险的关系，人身保障比财富保障更重要，健康地活着才有机会成为人生赢家，否则，满盘皆输。

买保险如同制衣，要根据不同家庭的经济和承担风险情况，量体裁衣，合理设计。没有最好的保险，只有最适合自己的保险。最忌讳的就是听说别人买什么，你也买什么，每个人的情况不同，需要自己学会如何配置。任何资产配置的核心都是以当前实际情况为依托综合考量的结果。遇到不靠谱的保险代理人，买到根本不适合自己的保险产品，归根结底是因为我们自己不具备辨别的能力。配置保险之前，必须先学习保险配置的知识,就像投资一样,必须先学习再投资。

保险是一种非常特殊的金融工具,它是唯一一种能给我们雪中送炭的金融产品,其他的金融产品都只是为我们锦上添花而已。

所以说,保险非常重要,普通人应该利用好保险的保障作用,花最少的钱,转移最多的经济损失风险。这也是我们需要深入了解如何配置保险的目的。

第七章

如何不被当"韭菜"收割?

第七章

如何恰当"非英语"成为"英语"

第七章

如何不被当"韭菜"收割？

炒股，绝对不是靠运气！

买股票，就是买公司！

一提起投资，就有一个大家始终绕不开、躲不掉的话题——炒股。

很多人会觉得，买股票大概跟买彩票差不多吧，涨涨跌跌，都是靠运气。正因为如此，所以很多人炒股赔钱的时候多，赚钱的时候少。

炒股的人经常会听到一句话："股市有风险，投资需谨慎。"这句话是对所有投资者的重要警示和忠告。一谈到风险，会让很多人望而却步，希望自己的钱越安全越好，买股票这种带风险的投资，干脆就不要碰了，不然赔了钱，不但丢人，自己心里也承受不了。还有一些人满心想着做那种保证不亏钱的投资，最好还能轻松一点，不费脑子。这实在是异想天开！这是两种很常见的错误想法。

在股市里，一些人之所以亏钱，是因为他们陷入了理财误区：没学会就上手操作。这些人除了一门心思想赚钱，根本没有系统学习过股票知识，也不懂股票投资背后的逻辑。别人说哪一只股票业绩好，他们就买哪只；看到股票价格跌下去，小心脏又受不了，吓得赶紧亏钱抛出去；等股票价格涨上来，又一窝蜂跟着高价买回来。如此追涨杀跌，自然成了被收割的"韭菜"。

第一种想法的错误在于亏钱与否不是因为运气好坏,而是因为没有系统地学习。重要的事情再说一遍:不懂的事物先不要碰,一定要先学习再投资。

第二种错误想法来自那些对风险厌恶的人。一想到投资股票有风险,马上就对股票死心了。他们认为投资是越安全越好,最好在不承担风险的情况下就能把钱赚到手。

我们反思一下,如果天底下有这种好事,应该早就集体实现财富自由了。风险和收益永远是一对孪生兄弟,就像海尔兄弟一样是分不开的。一般而言,投资对象的风险越高,收益也越高。反过来说也是一样的,一个人的收益越高,那他承担的风险也就越大。我们投资赚的钱,其实是对我们承担风险的一种补偿。

接下来了解一下,到底什么是股票,如何靠投资股票赚钱。先看一个简单的例子。

老李最近想自主创业,开一家饮品店。老李仔细算了一下,开一家网红奶茶店需要10万元,但他最多只能拿出8万元,剩下的2万元,他准备去找隔壁老王要。老李跟老王说:"老王啊,你先别慌,我这次来不是找你借钱的,而是要跟你一起开这家网红奶茶店。我出8万元,你出2万元就行了。你不用来店里上班,但是,你得承担我开店的风险。如果这家店

第七章

如何不被当"韭菜"收割?

赚了钱,我们就把赚的钱分了,我分八成,你分两成;如果赔了,你就得跟我一起承担这个损失,我承担八成,你承担两成。"老王想了想,老李这个人平时办事稳妥,还是让人信得过的,所以就投了2万元。于是,老李的网红奶茶店正式营业。

这个例子就是股票投资的雏形。

老王投资了2万元,相当于持有这家店20%的股份,他对网红奶茶店是有所有权的。老李呢,相当于出让了这家店一部分的所有权,从而换来了资金。

股票的本质就是,公司拿出部分的所有权换取资金,用于后续的经营发展。

如果你买了可口可乐股票,就相当于你出钱换了一些可口可乐的所有权,可口可乐只要赚钱,那么你就能分一点。

如果你买了阿里巴巴的股票,就相当于你出钱换了阿里巴巴的所有权,阿里巴巴只要赚钱,就得分你一点。这些公司分给你的钱,就叫作分红。

所以说,股票可不是一串虚拟的数字,也不是屏幕上那些红红绿绿的线条,它的背后,是一家家实实在在的公司。

那么,投资股票赚的是什么钱呢?刚才已经说了一种赚钱方式——公司分红,公司越赚钱,大家分得越多。这个赚钱方式在股票刚出现的时候就有了。股票发展到后来，又出现了一种新的赚钱方式，那就是低买高卖，赚取差价。

我们还是拿老李和老王来举例子。

老李和老王的网红奶茶店越做越红火，很多人看着眼红，都想入股。邻居马大脚主动上门来找老王，她说：老王啊，我想花 20 万买你手里的股份，你看行不行？老王算了一下，他手里的这些股份，当初花 2 万元钱买的，现在能卖 20 万元，翻了十倍，于是老王决定把股份卖给马大脚。

在这个例子中，老王做的其实就是低买高卖，赚取差价。所以，股票的本质就是，公司拿出部分所有权换取资金，用于公司的经营发展。股票赚钱有两种方式，一种是公司分红，另一种是低买高卖。

> 如何不被当"韭菜"收割？不懂的东西先不要碰，一定要先学习。

第八章

投资中的 X 个陷阱

第八章

活泼的X个体细胞

第八章

投资中的 X 个陷阱

社会的浮躁反映在投资上就是很多人为了一夜暴富，不计代价冒险尝试高风险投资。

我们可以想一想，周围有没有这样的人，完全不懂理财产品背后的逻辑，看别人赚钱，自己就跟风去投资，结果损失惨重，甚至是陷入投资骗局，血本无归。所以，事实的真相是，从来没有一夜暴富，那些期望一夜暴富的人，很容易陷入投资骗局。

> 天下没有免费的午餐，当你觉得一个投资产品可以躺着赚钱的时候，可能一只看不见的手已经伸进了你的钱袋子。

那么，重点来了，什么是投资骗局呢？

说起 P2P，大家都很熟悉吧。P2P（peer-to-peer），即个人对个人，又称点对点网络借款。P2P 作为一项互联网金融的新兴产物，自诞生以来平台出问题事件比比皆是，在这些出问题的平台当中，最有名的就是 e 租宝。2014 年刚成立的时候，e 租宝在公交、地铁以及中央电视台，花重金打广告，在全国铺天盖地地宣传，打着"一元起投"的噱头，承诺9%~14.6%的年化收益率，吸引了大批投资者。仅仅505天，就吸金高达747亿元，投资者多达90万人。

作为一家金融平台，按理说，从投资者这一端集资后，应该再投入需要资金的另一端，平台从中收取一定比例的手续费作为盈利点。

但事实是，e租宝并没有这样做，它玩起了"击鼓传花"的游戏，用新用户投资的钱去还老用户的利息，而为了支付老用户高昂的利息，只能不断地发展新的投资者进场，这样游戏才能继续玩下去。这是典型的金融领域投资诈骗——"庞氏骗局"。

庞氏骗局是怎么来的呢？

1919年，意大利人庞奇移居波士顿，并宣称他发现了一种赚钱的好方法，就是把欧洲的邮政票据卖给美国。他抛出了一个诱饵：所有投资，45天之内，50%的回报；90天之内，翻番。在这个巨大诱惑下，开始有投资者尝试性地投了钱，没想到在庞奇的承诺内真的拿到了回报，于是，后面的投资者大量跟进。

仅仅一年多的时间，就有4万多人成了庞奇的投资者，他们把庞奇奉为"商业巨鳄"，庞奇也因此获得了巨额财富。最终，庞奇被揭穿后，人们才发现，事实上，庞奇只买过两张邮政票据，前面所有投资者

第八章
投资中的 X 个陷阱

的收益,都是后来投资者的本金。

1920年,庞奇破产,连带5家银行倒闭,大量"投资人"血本无归。

庞氏骗局,后来成为一个专有名词,指那些通过金字塔式扩张,用后入者的本金,伪装成先入者的收益,不断滚雪球的一种骗局,俗称"拆东墙补西墙"。它也被称为"万骗之祖",因为它能把每一个参与者变成合谋。

骗局总有被揭穿的时候,2015年底,e租宝被查封,定罪非法集资。这虽然给90万受害者出了一口恶气,但要拿回本金,恐怕并没那么容易。按照法律规定的破产清算优先级,罚金、银行贷款排在前面,真正能退给投资者的钱,其覆盖率只在20%-25%之间。也就是说,如果投入100元钱,最多只能拿回25元钱。不过,这还算幸运的,有很多不知名的、类似的小平台,直接卷钱跑路,投资者甚至连一毛钱都拿不回来。

想一想,如果你投资到这样的平台,会是多么的可怕!

还有一种"交易所非法集资"。非法分子模拟正规交易所做一个假盘面,自买自卖,操纵平台价格,制造交易火爆的假象,让新投资者都能赚到钱,吸引更多的投资者进场。他们有自己的"分析师",跟 A 说买涨,跟 B 说买跌,之后自己操纵价格暴跌,这样 A 就爆仓,B 获利。爆仓的钱,一小部分会给 B,剩下的就是公司的"利润"。下一次,又拉来新客户 C,这时,B 就会像 A 一样被"收割"。就是这样一直循环,不断地"收割"投资者。

这样的骗局还有很多,如 2017 年曝出的"IGO 外汇骗局",其行骗套路与交易所非法集资如出一辙,一旦投资者将钱转入这些平台,资金的最终结果都是有去无回。

当然投资陷阱不止只有这些,比如最近出镜率比较高的数字货币陷阱。

这两年,比特币的暴涨让不少人对数字货币充满幻想,但真正赚到钱的却是凤毛麟角。一些币圈的人,都心照不宣地默认一个事实,那就是,目前市场上 90% 的数字货币都将归零。

天下没有免费的午餐,当你觉得一个投资产品可以躺着赚钱的时候,可能一只看不见的手已经伸进了你的钱袋子。

那么,如何避开投资陷阱呢?其实,是陷阱就必然有漏洞,揭穿骗局并不难,下面就告诉你如何防范这些骗局。

第八章
投资中的 X 个陷阱

方法一，弄清楚每一个投资背后的原理，你赚的是谁的钱。

对于腾讯、阿里巴巴、京东等公司，可以把它们做一个组合去复盘，不难发现，过去三年，年化平均回报率高达百分之好几十。为什么呢？因为这些公司都是正八经做生意的，他们的核心竞争力和商业模式都很厉害，所以公司股价一路走高，并不断创新高。

再看 e 租宝公司，它是靠自己的产品优质和服务周到来赚取的利润吗？

答案显然是不是的，它是通过不断发展"下线"来赚取利润、维持平台运转的，即获得一样东西，要支付超过它本身价值的好几倍的价格，然后它完全只能靠发展下线来得到回报。明白了这个道理，你还敢投资这样的产品吗？

所以请大家谨记，如果遇到这种公司，一定要警惕并远离。

方法二，要先学习再投资。

投资并不简单，不是随随便便就可以投资的。如果你对所投资的产品完全不了解，就贸然投入，那么很有可能以惨败而告终。

所以，我们需要不断地学习理财知识，熟悉各种理财产品才行。

那么，该如何正确地投资理财呢？

（1）相信专业人士。专业的人做专业的事，把钱交给他们。这里的专业是指公开、阳光、合法、合规的资产管理机构，如公募基金。

（2）把自己变得足够专业。如果很难做到相信别人，那么自己务必不要懒惰，先去学习理财知识。不要在什么都不懂的情况下乱投资。

很多人投资失败后，都会抱怨这、抱怨那，但是从来没有想过一个问题：自己真的懂这个投资产品吗？

那些又懒又不相信专业又想发财的人，最终都以惨淡而收场。因此，我们一定要引以为戒，时刻记着，这个世界上，没有一夜暴富，更没有天上掉馅饼的好事。

方法三，就是一定要知道每一个投资品的风险在哪里。

投资首先要做到恪守能力圈，不懂不投。这实际上也是股神巴菲特的投资核心理念。巴菲特从来不信仰华尔街那一套高大上的理论。在他看来，真正能控制投资风险的，只有一种方法，那就是：只投自己足够了解的公司，不懂的坚决不投，不管其在市场上多么受到热捧。

第八章
投资中的 X 个陷阱

正是由于巴菲特数年来对自己投资理念的坚持，才保证了其资产几十年稳定的复合增长。

巴菲特在 2000 年互联网经济泡沫破裂之前，由于看不懂科技股坚持不触碰，被很多媒体嘲笑，说股神过时了，不懂得拥抱变化。直到泡沫破灭后，人们才发现巴菲特的投资智慧。

我们自己做投资时，也要恪守这个道理：假如要买一只股票，那就要深入了解这只股票对应的公司及行业所面临的情况；假如要投资一只债券，就要深入了解发债主体的信用和经营状况，有没有违约记录？如果有的话，违约规模有多大？要投资一个新的金融产品，则须深刻了解这个产品的运作模式，以及连接资金端的信用情况。

试想一下，在投资之前弄明白这些问题，是不是会规避很多风险呢？

巴菲特有一句名言：If I cannot make a decision in 5 minutes, I cannot eihter in one month.

"如果我不能在 5 分钟内作出决定，那么我在一个月内也不能"，这句话有非常丰富的内涵，其背后暗含的逻辑就是"不懂不投"。千万要警惕，不知道的风险才是最大的风险。

第九章

什么是"小白"投资的标配?

第九章
什么是"小白"投资的标配？

巴菲特无数次地说过，对于个人投资者，最好的投资方式就是指数基金定投，这也是投资新手的投资标配。

指数基金的原理就是复利。长期坚持定投，积少成多，摊薄投资成本，以时间换空间也有可能跑赢市场。

本章就从理财标配——基金讲起，主要包括以下三部分的内容：

（1）基金是什么？

（2）基金有哪些分类？

（3）为什么定投指数基金是理财新手的最佳选择？

说起投资，总会有人问：有没有适合我这种懒人、简单方便又比较安全的理财产品？

别说，还真有一款性价比高的"懒人"投资神器，它就是基金定投。

那么，究竟什么是基金呢？

基金，通俗地说就是基金公司聚拢投资者的资金，按照证监会的规定，进行各种投资的一种投资品。

基金有一个优点就是——门槛低。你不需要整天研究政策，不需要研究公司财报，更不需要天天盯盘，因为有更专业的基金经理帮你打理。

你可能会问，这么神奇的投资利器，是什么原理呢？先别急，我们通过一个例子来了解一下基金的运作原理。

10位农民在村子的某块地里分别播下一粒种子。半年后，经过悉心照料，其中1位农民的谷穗长得最大、颗粒最饱满，于是这位农民就成了种植专家。第二年，其他9位农民不种地了，他们信得过这位专家，把自己的种子托付给专家代种。到了年底，专家把收获的谷物分给其他9位农民，留出一部分谷物作为自己的提成。那么，这9位农民就是基金投资者，那位专家就是基金经理。

这就是一只基金运作的全过程。基金，有很多分类，如货币型基金、债券型基金、股票型基金、混合型基金等，是根据投资对象的不同对基金做出的分类。

说起投资基金，不得不说的就是基金定投；说起基金定投又不得不提到股神巴菲特。巴菲特一辈子无数次地说过，对于个人投资者，最好的投资方式就是指数基金定投。他不只是嘴上说说而已，还曾经立下遗嘱，白纸黑字写明自己去世之后，请家人把他90%的资产用于投资指数基金。巴菲特所说的指数基金定

第九章
什么是"小白"投资的标配？

投，是指不管股市是涨是跌，每个月都固定拿出一笔钱来买指数基金。

大概有人会问，对于基金定投，我的理解就是每个月拿出固定的钱去买基金，而指数基金又是什么呢？

关于指数基金，只要你手头有 100 元钱，就能开始投资；你跟着一个策略走，以不变应万变。每个月也就花不到 10 分钟的时间定投，长期下来，就可以获得不错的收益，简直是上班族、月光族的必备投资技能。

定投是什么呢？就是在固定的日期投入固定的资金。例如，公司每月月底发工资，于是这天你从工资里转出 1000 元，投入你选好的指数基金里，并且月月如此。

其实指数基金的原理就是复制，你复制巴菲特的指数，就是相信"股神"能帮你赚钱。但是就连巴菲特都在复制国家的指数，因为他相信国家经济一定会一直发展市场，终究会让他赚钱。总之不管是美国的指数，还是中国的指数，买指数基金就是买国运。只要相信国家经济能持续发展，指数基金就能长期上涨，我们就能分享国家经济增长带来的收益。现在你可以看出指数基金的魅力了吧？试想一下，如果你在每一轮"熊市"都能坚持定投，那么手中就会积累大把低价位指数基金，然后坐等牛市的到来。

假如判断失误，在牛市最高点开始定投，那么，只要坚持持有到下一轮牛市，依然是可以获利卖出的。据统计数据，在2007年10月，A股大盘在6000多点的时候开始指数基金定投，到2009年7月大盘跌到3000多点的时候，这时候总体仍是赚钱的。相信大部分人看到这个说法的时候，肯定会感到震惊。因为这个数据有一点违背常理，在高点买入，在跌去一半的时候卖出，定投竟然还能赚钱？下面，我们来复盘一下，用数据说话。

假如，我们选择上证指数基金每个月定投1000元，定投的时间段是2007年10月至2009年7月，在这22个月里总计投资了22 000元。这段时间上证指数从6000多点最低下跌到了1728点，随后上涨到3400点，可以说2007年开始定投，绝对是最差的买入时机。那么定投的情况如何呢？最后算下来，我们非但没有亏损，除去本金之后反而赚了5000多元钱。这是为什么呢？其实道理很简单，我们是通过定投的方式摊薄成本，因为在不同的时间点买入指数基金，其价格也是波动的，每月一次，成本是平均的。

这就是定投最打动人的地方，也是我们要做基金定投的原因。而且基金定投的门槛很低，不管你是每个月定投 100 元、500 元，还是 1000 元都可以，只要设置好定投计划，每个月固定的时间钱就可以自动转到基金账户，自动买入你选好的那只指数基金，既不费时费力，又能帮你强制储蓄。所以说基金定投算是懒人投资神器。需要注意的是，要想通过基金定投获得收益，必须要做到一点，那就是坚持。只有长期坚持投资，积少成多，摊薄投资成本，才能跑赢市场。

之前讲过的复利的时间要素，应用到基金定投也是同样的道理。除了时间要素，还有利率要素也很重要，在复利的作用下，1% 的利率在收益上也会天差地别。虽然理论上来说基金定投长期坚持下来，大概率是会赚钱的，但定投同样的金额，为什么有的人的收益却比其他人高 2~3 倍，这就是投资技巧上的差异了。如何选择指数基金，如何在最低价的时候买入，如何让我们的成本变得更低？这些都需要通过学习投资技巧实现。只要比别人勤奋一点，多付出一点学习时间和精力，你就可以在更短的时间内赚取比别人多两倍、三倍甚至更多的收益。

>>>> 小结

（1）基金是什么？通俗地说，基金就是把资金交给专业人士帮你投资，你付给他佣金。

（2）基金定投有哪些分类？根据投资对象不同，基金可分为股票型基金、债券型基金、货币型基金。

（3）为什么定投指数基金是理财新手的最佳选择？基金的投资门槛低，100元就可以起投，投资收益率较高，摊薄成本，降低投资风险。

第十章

为什么我总是亏钱?

第十章
为什么我总是亏钱？

为什么有些人炒股会亏钱？为什么一聊到股票，总有人心里会觉得可怕？那是因为不了解它，才会感到害怕。

其实，好股票和我们的生活是息息相关的。下面，让我们把视角放在日常生活中，看看我们的一天会有多少只股票在身边出现。

清晨：设置闹铃的"华为"手机；用来洁面的"欧莱雅"洗面奶；餐桌上的"双汇"火腿肠；放在"海尔"冰箱里的"伊利"纯牛奶。

工作：上班路上代步的上海"大众"汽车；办公室的"苹果"笔记本电脑；午休时喝的"星巴克"咖啡。

购物：购物的"沃尔玛"超市；超市里买到的"茅台"白酒、"李锦记"酱油；结账的"交通银行"信用卡。

下班：煮饭的"美的"电饭煲；炒菜的"方太"抽油烟机；还有"格力"空调。

……

那么，刚刚出现了多少家上市公司所发行的股票名称呢？

这些都是我们身边比较常见也比较著名的上市公司。所以说，我们每天都与多家上市公司发生业务往来，也是没错的。

了解了出现在我们身边的股票之后，大家就会发现，我们的生活是和股票分不开的，我们就是这些上市公司的消费者。投资某一公司股票，就相当于你买了一家公司的部分股权，只要公司盈利，就能享受到企业发展的红利。那么为什么大部分人会亏钱呢？这是因为，很多人进股市的时候，常常处于"牛市"中后期。

由于是牛市中后期，指数涨，股票也会涨一涨。于是，今天赚300元钱，明天赚500元钱，尝到了些许甜头，便加大投入，直到你把全部身家都投了进去。忽然有一天，股灾来了，这时候你根本来不及反应，手中股票开始大幅亏损，面临卖了就要承受巨大损失，不卖只能被套的境地，这也是中后期初入股市的大多数人的心理。

那么，股市里的选股误区有哪些呢？

(一) 乱炒概念股

初入股市的人在进入股市的时候，常常面临"我选哪只"的问题。

这时候常见到的情况就是以名选股。比如看到工商银行，觉得银行主要做与资金相关的业务，它不涨谁涨？看到中国石油，"中国"二字开头，一定也差

第十章
为什么我总是亏钱？

不了，结果一不小心资金就被套了。

市场上的一些投资者就是这么不理智，大多数人冲着一个名字就投资了，但是，换个角度看问题，如果在市场上大部分人都是这样投资的，那么学习过投资的人，或者是业务委托给优质代理公司的人，是不是获利的概率更大呢？

所以，我们要努力成为一个理性的投资者，而不是凭着感觉去跟风那些所谓的热点。

其实投资自己的门槛很低，几百块钱就可以学会股市的涨跌逻辑、选股的方法策略，建立相对稳定赚钱的股票组合。但是，很多人却意识不到学习的重要性，宁愿在市场中不断地亏损，也不愿意花一些金钱和时间学习。

（二）用股价是否便宜来决定要不要买

有投资者说自己不会以名称选股那么肤浅，而是要看股票是不是便宜。

我有个同学跟我说她入市了，我问她挑了哪只股票？怎么挑的？她说挑便宜的。我问她是如何判断这只股票是便宜的？她说，这只股票只要3元钱，我找了一圈，数它最便宜。

实际上这也是一种误区，我们选股时所谓的便宜，看的是市值有没有低于估值，而不是看单只股的价格。

如何判断一只股票的市值有没有低于估值呢？

举一个例子：

有一家已经上市的烤鸭店，去年卖烤鸭净赚 1000 万元，股价从前年的 10 元涨到了 20 元，一年翻了整整一倍。今年 7 月，店里发公布：烤鸭店今年上半年净利润 550 万元，预计今年全年净利润不低于 1000 万元！

机构纷纷表示看好，一致预测认为：按照当前的盈利速度，烤鸭店的股价应该在 25 元才是正常的估值。现在股价才 22 元，明显偏低，并预计年底股价能升至 30 元。

通过烤鸭店的案例，我们可知，这才是股价是否便宜的标准，而不是单纯看股价。

（三）明明在投机，却以为在投资

投资就是通过分析上市公司的财务报表（如上例中分析烤鸭店的盈利状况），找出在同一行业中被低估的企业进行投资。

当股票报价低于公司市值时，可以买入；股票报价高于公司市值时，就可以卖出，从而获取收益。

而投机是什么意思呢？它是通过判断市场走势来采取相应行动，并通过价格变动来追涨杀跌。投机并

第十章
为什么我总是亏钱？

不在乎内在价值，只寄希望于有人以更高的价格接手，长期以来被称为投资的"博傻理论"。

17世纪，荷兰出现了人类历史上最早的有记载的投机事件——郁金香泡沫。

郁金香是一种花，1630年，荷兰人培育出一些新奇品种，1634年起郁金香市场逐渐升温，短短一个多月，郁金香价格被抬高十几倍，甚至几十倍。然而好景不长，其价格急剧下降，1639年的数据显示，这些品种的郁金香的价格狂跌成最高价位时的0.005%，价格崩溃，成千上万的人在这个万劫不复的大崩溃中倾家荡产。

为什么会有人出高价买呢？是因为估值低吗？其实不是。每一个阶段的投机者都相信会有下一个投机者花更多的钱来接盘。那下一个投机者为什么会接盘呢？是因为他相信还有下一个投机者用更多的钱来接盘。

很多人明明就是在投机，还以为自己是在投资，这就是他们亏损的原因。

（四）听别人推荐股票

有人习惯听人荐股，先不说别人推荐的是否是绩优股，即使这个老师选股的水平还行，他向你推荐了一只股票，也告诉了你入场价位，但是如果对方不告诉你什么时候卖出，或者等他告诉你卖出的时候，这只股票已经跌了下来，那么同样难以获利。

所以听人荐股，如果没有自己的判断能力，还是会做不好，因为你会错过买卖点，要么损失部分利润，要么被套在股市里。

总之，完全不懂选股，不会看盘，只是一味地跟风，是非常危险的，资金很容易被套牢。

讲到这里，特别提醒：谨慎进入荐股群，所有的荐股群都是有目的而设。

试想一下，每年的交易日有240~250个，按推荐群的逻辑，每日涨1%，50日的涨幅为164.4%，100日涨幅为270.4%，200日涨幅为731.6%。假如每日涨5%，则50日的涨幅为11.4倍，100日涨幅为131.5倍，200日涨幅就是17292.5倍。这在现实世界中是根本不可能的。

况且，投资靠的是投资体系，而不是某一个股票代码。

所以，多数荐股群的目的就是圈钱，只推荐股票的老师很有可能是骗子，只有那些教给大家如何找到好股票的老师才是好老师。

人人都想投资盈利，但前提是必须有相匹配的知识量和能力。

第十章
为什么我总是亏钱？

从以上总结的4个误区里，我们会发现，股市中有很多赚钱机会，但如果没有足够的知识储备，就没办法避开股市里的误区，很难去发现并抓住这些机会。

给大家一个思考题：假如你今天车子没油了，下班去加油站，突然发现油价又涨价了，你是什么心态？

心态一，埋怨又涨价，要挤地铁上班。

心态二，为什么最近油价会突然涨价？回去翻翻资料，看看有没有相关受益股，把今年的油费都赚回来。

这就是面对同一件事，懂投资的人和普通人最大的差距，普通人看到的是危机，然后抱怨生活压力，投资人看到的是机会，然后从中获取财富。

凡事都有正反两面，你能不能看得懂，能不能把握住机会，和自身的专业知识储备有很大的关系。

可能有的人会说："炒股那么难，风险又那么大，我还是不碰了，也不用学了。还不如只做基金定投，稳当地赚点钱。"

其时，要购买股票型基金必须要了解股票知识，知道股票的涨跌原理，这样才可以根据自己的情况选择适合的基金，才能相对准确地确定基金买卖的时间点。

所以说，股票、基金等很多金融投资品都是相通的，就像你要想学好物理，也要学好数学一样。投资不是简单的事，你的知识量越大，发现投资机会和躲避风险的能力就越强，赚钱的概率也就越大。

第十一章

一款稳赚不赔的"神器"

第十一章
一款稳赚不赔的"神器"

除了通过正常的理财投资获得收益之外，还有一款"神器"，是大家可能不了解的，它操作简单，风险很低，那就是国债逆回购。

国债逆回购就是金融机构把国债抵押给你，找你借钱，借款到期以后，本金和利息一起还给你。国债逆回购以国家信用国债作为担保，有国家背书，因此安全性很高，没有风险。企业、银行以及各类大机构，都会购买一定比例的国债，作为比较保守的投资。

企业以及机构在经营过程中，有时会缺少流动资金，就会把国债抵押用来周转资金。

例如，一家五星级酒店，打算装一套空气净化系统，需要一笔周转资金。酒店没有考虑银行贷款，因为周期很长，而是把买的国债当作抵押物，借了一笔周转资金来购买空气净化系统。企业以国债为抵押物借钱，借钱给企业，就算到期后企业还不上钱，也有国债抵债。

那么，国债逆回购具体怎么操作呢？其操作有以下三个步骤。

第一步，开通账户。

想要操作国债逆回购，首先有一个股票账户。股票账户不仅可以买卖股票，还可以买债券、基金、国债逆回购等投资品。开户很简单，准备身份证、银行卡和手机，按照网上的开户流程，10分钟左右就搞定了。

开户要选择规模大的证券公司，这类公司服务好、网点多、佣金低，会给人以良好的用户体验。因此，有规模的券商在这些方面优势十足。

交易佣金是以后每一次交易都要付的，所以，要选择交易佣金低的券商。

另外，下载开户券商App一定要去官方网站，以避免木马中毒，毕竟投资涉及真金白银，还是小心为妙。

第二步，进入门槛。

上海证券交易所（简称"上交所"）的门槛高一些，如果要进行国债逆回购，至少要有10万元的流动资金；深圳证券交易所（简称"深交所"）门槛低一些，1000元就可以参与。所以，刚开始我们可以选择门槛较低的深交所交易。

国债逆回购有1天、7天、14天，甚至有182天的，具体的天数体现在代码上。

第三步，卖出份额。

首先，登录软件，查找代码131810，也就是1天期的国债逆回购，进入对应页面，点击"卖出"按

第十一章
一款稳赚不赔的"神器"

钮。国债逆回购"卖出"这个操作就相当于我们把账面上的钱以一个合理的价格"卖"出去。

其次,确定下单。如果要确保成交,我们卖出的价格要跟"买一"的价格一样,这个"买一"的价格就是下单的利率。数字越高,你得到的利息越高。但这个利息并非是无限高的,一般星期四、月末、季度末、年末,市场资金面紧张,这时利息通常会变得很高。

最后,查看是否申请成功。申请了之后,可以再点击一下委托,看是不是真的申购成功了,标注为"已成",就代表申购成功。如果没有成功,可撤销重新再操作一遍。

国债逆回购到期后,资金会自动回到我们的账户里,不用再像股票基金一样,买入后还要手动卖出。

第十二章

指数投资,助力普通人拥有百万资产

第十二章
指数投资，助力普通人拥有百万资产

对于普通投资者来说，指数基金也是最好的选择之一。

提到指数基金，大家都会想到巴菲特。他从1993年开始到现在，一直在公开场合推荐指数基金。

根据投资理念的不同，基金分为主动型基金和被动型基金。主动型基金就是由基金经理自己选股的基金，基金的业绩很大程度上取决于基金经理的投资能力。被动型基金是不由基金经理来选股的基金，那么由谁来选股呢？

答案是指数。

指数就是交易所编制的一个股票榜单，是用来反映整个股票市场波动情况的。

举一个通俗的例子，指数就像一个菜单，而股票就像菜单里的每一样菜，如鸡肉股票、猪肉股票、白菜股票、土豆股票等，则指数基金就是基金经理提着菜篮子，照着指数这个菜单买菜，菜单里有什么，基金经理就照着买什么。

指数基金实际就是复制与它对应的指数。所以，在选指数基金前，首先要挑一只我们看好的指数。

那么指数基金有哪些优势呢？投资一向谨慎的巴菲特，为什么会在公开场合向普通投资者推荐指数基金呢？

盘点指数基金具有三大优势。

优势一，指数基金人为因素少。主动型基金是由基金经理主动管理的，能不能盈利主要在于基金经理的管理能力。基金经理清楚投资时进场和出场的时机，但也有判断失误的时候，从而导致主动型基金跑不赢指数基金也不足为奇。而被动型的指数基金则不同，它是完全复制指数的，不需要基金经理过多地去干预。

指数每年会根据规则定期调整成分股，指数基金也机械地跟着调整持仓股票，这样做的好处就是帮助投资者摆脱人性的恐惧和贪婪，不会干追涨杀跌的傻事。

优势二，指数"长生不老"。公司会死亡、会消失，但是指数不会，它通过定期调整成分股，通过引入新公司、剔除老公司的方式，实现了真正意义上的"长生不老"！

关于这一点，最著名的例子就是美国的道琼斯指数。

道琼斯指数诞生于100多年前。最初只有20个成分股。从诞生之初到现在，道琼斯指数经历过两次世界大战，经历了1920年的大萧条，经历了1987年的美国股市大崩盘，经历过各种各样的危机。经过了

第十二章
指数投资，助力普通人拥有百万资产

九九八十一难的道琼斯指数一直在茁壮成长，从最初到现在上涨了 260 倍。

指数真正是铁打的营盘流水的兵，我们买指数，相当于买营盘；买具体股票，就相当于买某个士兵，士兵可能阵亡，但是营盘会一直在。

优势三，长期看，指数永远上涨。如果单单只是"长生不老"，却没有上涨，那我们买入就毫无意义可言。指数虽然会经常波动，但长期来看始终是在不断上涨的。

那么指数为什么会长期上涨呢？来看看我们最熟悉的、反映国内股票市场情况的上证指数，尽管只诞生了二十几年，中间又经历了起起落落，但上证指数从 1991 年至今上涨了 30 倍。

要解释指数永远上涨也不难，因为指数的背后是公司，指数会定期调仓，把业绩好、能力强的公司选入指数，淘汰业绩差的公司。所以，指数长期来看上涨的概率大，风险相对较低。

巴菲特说过，买指数基金就是买国运。只要相信国家经济能持续发展，指数就能长期上涨，我们就能分享国家经济增长带来的红利。

基金定投有以下三个优势：

（1）强制储蓄；

（2）平摊成本；

（3）长期投资，复利效应。

你可能会说，我现在知道指数基金有优势了，那么我就选择一个指数基金，每月固定投资额，按时定投，不管大盘如何波动。

我们把这种定投简称"无脑定投"。

现实情况下，我们怎么能知道接下来基金盘面走的是微笑曲线还是哭泣曲线？也就是说我们怎么知道其是处在 A 点还是处在 B 点？是根据指数涨跌还是价格走势判断？

巴菲特说："我们永远不要去预测股市！"

所以，不必判断它！

正确方法是：估值。

我们要做的是学会估值，根据估值来决定是否进场。

所谓估值，就是衡量一家公司或投资品到底值多少钱。就像投资古董，如果我们觉得某一古董未来的价值、溢价空间远高于现在的价格，那么它就是一个值得投资的、能给我们带来收益的古董。

股票和基金的估值也是同样的道理。

第十二章
指数投资，助力普通人拥有百万资产

有些基金、股票可能受市场行情等因素的影响，当前的价格远低于它的内在价值，这说明它是被低估的，也就是这只基金和股票在打折，这个时候就可以出手买入，等到它价格上涨时，再将它卖出，赚取投资收益。

在分析估值的时候，可以从资产盈利能力和资产价值这两个角度进行分析。

常见的估值指标有PE（市盈率）、PB（市净率）等，这些数据从财报中都可以找到。

通过公司估值可以判断一只股票或者基金是否有投资价值，如果价格低于估值，则具有投资价值，反之则没有。因此，要找到估值低的指数进行定投，也就是买入当前价格远远低于其内在价值的基金。

提到投资价值，就要说一说复利三因素，即本金、时间、收益率。

本金，因人而异，没办法固定，因此，只能在时间和收益率两项下功夫。

来看一看时间对收益的影响。假设月定投2000元，预期年化收益率为15%，如果定投30年，则投资年限到期总收益约1128万元；如果定投25年，则只能够获得约527万元的总收益。也就是说每相差5年，最终收益相差2倍以上，仅仅5年而已。

人的寿命是有限的，20岁就开始投资的人必定会比30岁才开始投资的人能累积更多的财富。

人生中的很多事情，并没有那么多的"刚好合适"，也不存在什么"伺机而动"。生活的真相是：只有行动才会创造机会，要想改变，从行动开始！

第十三章

教你搭建家庭资产配置金字塔

第十三章
教你搭建家庭资产配置金字塔

一定要根据自身家庭情况配置合理的投资组合。资产配置是指根据投资需求，将投资资金在不同资产类别之间进行分配。投资自己了解和熟知的领域，才是不败之道。

我们经常会听到一个很"高级"的词汇——资产配置。

资产配置是指根据投资需求将投资资金在不同资产类别之间进行分配。通常是将资产在低风险、低收益证券与高风险、高收益证券之间进行分配。

通俗地讲，就是根据行情，配置不同的资产。这些资产包括保险、股票（A股、港股、美股、其他市场等）、基金（指数基金、货币基金）、国债逆回购、存款，等等。

那么，这些烦琐的投资产品应该如何配置才是最科学的呢？从家庭发展的角度来看，每个家庭都应在不同的时期制订具体的资产配置方案，并按计划执行。下面就聊一聊家庭理财中通用的金字塔资产配置方案。

什么是金字塔资产配置方案？金字塔资产配置方案又称理财的金字塔原理。在美国著名心理学家马斯洛提出的人类需求层次理论体系中，人的需求从低到高依次是生理需要、安全、爱与归属、被尊重和自我

投资的智慧

实现的需要。将这一理论应运用于经济学，尤其是在个人及家庭理财中演绎"理财金字塔"理论。依据需求的急迫性和理财的稳健性来决定金字塔中的资产配置，则金字塔资产配置方案中的资产由以下三类组成。

（1）底层。资产配置的底层宽且稳健，它是建立理财规划的基石，包括风险较小的理财产品，如储蓄、保险等。

（2）中层。资产配置的中层介于底层和顶部之间，年期、风险、回报都在中等水平，如指数基金就比较适合中层的配置。

（3）顶部。资产配置的顶层较窄，包括投入资金少、承担风险多、收益相对高的具有进取性的投资产品，如房产、股票等。

通过以上分类组合，我们可以了解到理财金字塔的尖顶有多高，底边有多长，这些内容视投资者的年龄、收入、投资偏好、风险偏好等而定。

每个人的理财金字塔都是不一样的，每层的厚度，也就是配置比例都不同，究竟哪一种类型适合你呢？

常见的资产配置组合方案有三种。

（一）"532型"家庭资产配置方案

"532型"方案即50%活期用于存款，30%用于买保险，20%用于指数，仅定投。

（1）活期。一般来说活期存款以留足个人六个月的月支出为限，因为一旦产生工作变动，或者一些意外情况，这个钱可以用来应急，让你的生活尽量不受影响。

（2）保险。保险的开支以个人年收入的30%为最优。

（3）定存和国债。根据具体情况来安排20%的各种投资基金。

这种配置方案适用于绝大多数人，尤其是40岁以上的人群。其特点是稳健，收益也相对较好；缺陷是对于追求较高收益的人来说，收益并不能让他们满意。

（二）"433型"家庭资产配置方案

"433型"方案即40%活期用于存款，30%用于买保险，30%用于投资基金和股票。

这是一种进取型的理财方式，比较适用于30岁以下的年轻人、投资经验丰富的人，以及偏好高风险、高收益的人群。该方案增加了高风险部分的投入，但也增加了理财者亲自参与投资的部分。

(三)"442型"家庭资产配置方案

"442型"方案是40%活期用于存款，40%用于投资，20%用于买保险。

这是一种平衡型资产分配方式，攻守平衡。难点在于中层的40%的具体安排，债券型基金和平衡型基金应加大投入，股票型基金以不超过15%为益。这类配置对35岁左右的人比较适用，因为它进可攻、退可守，在经济前景不明朗时可转为532方案，在经济形势好时可转为433方案。

"532型"配置组合案例

张先生目前处于家庭成长期，他风险偏好为稳定型，因此建议在控制整体风险的同时，适当做一些基金定投产品。

（1）防御性资产：配置比例30%。

本案例中需要重点考虑张先生的身体状况，一般而言，40岁之后身体状况已经进入下行阶段，患病概率上升，未来医疗、保健等开支将会增加。张先生是家庭的中流砥柱，因此建议用家庭资产的30%购买保险产品，以张先生作为被保险人，合理配置境内外保险，包括重疾险、寿险、意外险等。

（2）市场性资产：建议配置比例20%。

为了实现现有资产保值、增值的目的，建议张先生尝试风险相对较小、收益长期稳定的理财产品，如指数基金定投；建议中证500以及中证100各配置一只基金，在获取较高收益的同时分散风险。

> 没有一种组合是适合所有家庭的，只有根据自己家庭的情况、资金量……配置最适合的组合，才是王道。

（3）储蓄资产：建议配置比例50%。

由于张先生年龄偏大，身体情况不稳定，而且风险承受能力较小，所以在考虑投资理财之前，最好将一半的资产用于活期储蓄，以保证资金的流动性。

以上为532型配置方案。433型家庭资产配置方案则与532型截然不同，433型组合比较适合在创富阶段的家庭。

"433型"配置组合案例

小刘今年28岁，新婚燕尔的他跟爱人打算趁年轻，给还未出生的孩子积攒些奶粉钱。所以他们把家庭资金的40%用作活期储蓄，以保证家庭资金的流动

投资的智慧

性；30%考虑给自己买保险，毕竟刚结婚，未来的日子还很长，所以优先考虑给自己配置意外险和重疾险；至于剩下的30%，小两口由于年轻，风险承受能力较强，喜欢刺激，所以考虑投身股市，跟着大势的起起伏伏获得高收益。

看了以上了两类家庭资产配置组合方案，相信大家对自己的家庭情况也有了一定了解。无论是选择哪种类型的投资，都切记，没有一种组合是适合所有家庭的，只有根据自己家庭的实际情况，根据家庭的资金量，配置最适合的组合才是王道。

第十四章

场内、场外购买基金，开户避坑

第十四章

耐久、抗冻、抗腐蚀基金、抗气渗性

第十四章
场内、场外购买基金，开户避坑

基金公司的官网、微信、支付宝等渠道，以及股票账户，都是可以购买基金的。

购买基金一共有四个渠道，分别是：证券公司、银行、基金公司、第三方销售平台。

这四种渠道总结来说可以分为"场外"和"场内"两大类。

（一）场外交易

"场"指的就是证券交易所。证券交易所之内的，都属于场内，证券交易所以外的，就是场外。场内交易就是像股票一样在二级市场买卖，所以需要开通股票账户。证券公司就属于场内交易。场外交易是直接与基金公司进行交易，或者基金公司通过委托各个平台代售的方式与用户交易。这种渠道比较多，像银行、基金公司、第三方销售平台等都属于场外交易。

（1）银行。在银行买基金，可以通过银行的线下网点、网上银行、手机银行 App 等银行渠道购买。

优势：银行线下网点多，交易安全；线上的网银和手机 App 操作方便，代销的基金产品丰富。

劣势：银行的线下网点因办理业务的人多，所以效率低下，浪费了投资者的时间。

（2）基金公司官网。基金公司发行并管理操作基金产品，因此都有自己的官网，可在其官网上购买。

125

优势：信息更新及时，如每天的净值、重大公告等；手续费相比银行来说会低一点，和银行的线上一样，也会打折。

劣势：产品较少，每家基金公司只卖自家的基金，想买其他家公司的基金得去其他基金公司注册，比较麻烦；体验不佳，大多基金公司的官网体验都不是很好，跟不上设计趋势。

（3）第三方销售平台。第三方销售平台如天天基金网、支付宝、京东金融、同花顺基金、微信理财通等。

优势：开户简单，一般经过注册账号、绑定银行卡、实名认证后就可以交易；交易便捷，在第三方网站/App 中，交易方便快捷；费率较低；体验较好，产品更加贴近用户。

劣势：相比银行和证券公司，第三方平台起步较晚，权威性不如银行和证券公司。

想要了解某第三方平台是否正规，可以直接到证监会官网上查。点击信息披露，进入机构名录选项，里面有所有合规的第三方平台的名单。

尽量选择知名的、规模较大的平台，在同等情况下选择申购费率较低的平台。

（二）场内交易

场内交易，也就是"券商"这个渠道。

券商是传统的基金购买方式，也就是通过股票账户买基金，其最大的优势就是交易费用低。

在股市中操作，每交易一次都要付给证券公司交易费用。开户时候约定的费用越低，交易成本就越低、越划算。

交易费用主要关系两方面的费用：买股票的费用和买基金的费用。

（1）股票交易手续费。证监会规定股票交易手续费最低5元，每笔交易不足5元的按5元收取，超过5元按照万分之三收取。

由于各券商之间竞争激烈，交易费用一般不会高于万分之三，当然，万分之五、万分之八也有。有的券商会做到万分之二以下，但这种情况非常少见。

（2）基金交易手续费。在股票账户购买基金的手续费跟买股票相似，一般是万分之三起步，并且跟股票交易一样，手续费不足5元按5元收取。

第十五章

好的投资组合,应该满足"黄金三角"

第十五章

好的投资组合，应该满足"黄金三角"

学习投资理财资是一辈子的事，需要循序渐进，不断实践、总结和思考。

要相信复利的威力，时间最终会证明一切。对于绝大多数一辈子都无法实现财务自由的人来说，他们只能被动地等待法定退休年龄的到来，但就算退休了，也没有足够的财务资源能够让自己随心所欲地生活。而对于已经实现财务自由的人来说，他的人生则是一种截然不同的状态，他有选择权，可以不需要为了赚钱而去工作的选择权。

许多人以为实现财务自由以后就可以什么工作都不用干了，想做什么就做什么。但如果真的到了那个状态，你会发现，你的生活突然变得异常空虚，就像刚退休回到家中产生的不适感，一下子，不知道该如何安排时间了。

所以，实现财务自由是一个人人生中的那段为了生活而去奋斗的终点，更是不为了生活还愿意去奋斗的新一段人生的起点。

理财是一辈子的事情，对于理财，我们一定要认真仔细。在理财实践中，要么找一个靠谱的专业人士为你提供理财服务，要么自己系统地学习理财投资的相关知识。

可能有人会问，市场上那么多理财产品，我哪有那么多时间去学习，而且还要精通，况且我怎么才能知道自己对哪种投资产品感兴趣？

可是，就是因为你对理财的各个投资品种没有深入了解，所以没办法判断自己对哪个种类感兴趣，更无法知道哪种最适合自己。对于刚入门的理财新手来说，最急需的就是进一步学习更多理财知识，了解更多的投资理财案例。就像我们高考一样，只要做大量的模拟题，见过的题型多了，自然能做到心中有数。

投资理财也是一样，在系统地学习之后，你自然而然就能找到自己感兴趣且擅长的方向了，然后再深入学习，你就会发现，其实投资理财并没有想象得那么难。

就拿我自己来说，当年大学快毕业的时候不知道该做什么工作，学校又规定了最后的离校时间，那时候感觉很无助，非常焦虑和迷茫。

我经常会思考，在拥有理财思维的情况下，如果让时光倒回到我刚参加工作那会儿，我要怎么做才能更快地赚取人生的第一桶金，乃至财务自由。

2008年，我22岁，大学毕业刚参加工作，工资只有3000元。但从那时候起，我就将收入的一部分积攒下来，养成了储蓄的习惯。同时，我还会将存下来的钱去定投指数基金。

第十五章

好的投资组合，应该满足"黄金三角"

我将除了每个月开销之外余出来的 1000 元钱用来投资指数基金，也就是"养金鹅"。刚开始，这一点点的资产看起来微不足道，但它会增加，所以，后来它就变成了一只会下金蛋的"金鹅"，再后来是两只、三只、四只，直到变成一大群会下金蛋的金鹅，也就是我们常说的"被动收入"。

除了基金定投之外，我还会通过炒股来获得较高的收益。

2008 年至 2009 年，不到一年的时间，我实现了从 0 元到 1 万元的财富积累。

2009 年至 2012 年，在这四年期间，我实现了从 1 万元到 10 万元的财富积累。

2012 年至 2013 年，在这一年期间，我实现了从 10 万元到 30 万元的财富积累。

到了 2014 年底，我实现了人生当中的第一个 100 万元。

我在 28 岁赚到了人生中的第一桶金。我想用自己的亲身经历告诉你们，投资是一辈子的事儿，它不会让我们一夜暴富，但如果坚持做下去，一定会水滴石穿。

没有谁天生就是投资天才，就算股神巴菲特也是步步为营，不断学习和实践，才达到了后来的成就！

这个世界的规律就是，如果你想有收获，要么花钱，要么花时间。如果你不想花钱，要想达到一个目标，那就需要花费很多的时间去摸索，但极有可能到头来，时间和精力花费了不少，最后目标还是无法达成。

如果换一种思路，花点小钱投资自己，跟着有经验的老师，快速学会专业知识，获得最实用的投资经验，然后利用所学的知识再把钱赚回来，这时候你会发现，这项投资回报往往是几十倍甚至上百倍的，因为学到的知识是终身受用的。

对于我们来说，最重要的是时间，人生唯一不可逆的也只有时间。要学会花钱买别人的时间，省出自己的时间，做更有意义的事情，创造更大的价值，早日过上自己想要的生活。

同一种思维和技能，你20岁就能领悟学习，他40岁的时候才知道，显而易见，你们的人生高度和事业格局肯定不一样。同样，你20岁开始理财，不断积累，财富一定会比40岁才开始理财的人多出很多。

第十六章

幸福家庭的资产配置

第十六章

平衡态的气体测量

第十六章
幸福家庭的资产配置

幸福家庭该如何做好资产配置,我们该如何当好家庭 CFO,合理运用财政大权呢?

"资产配置"这个词,很多人肯定并不陌生,相信大家都听过"不把鸡蛋放在同一个篮子里"这句话,这句话非常好理解,但落实到理财生活中,我们到底该怎么做呢?

先来思考一个问题,假如你和爱人月薪合计 2 万元,那么你们打算如何规划这笔收入呢?是打算吃喝玩乐全部花掉,还是存下一笔钱以防万一?又或者拿出一笔钱进行投资呢?

如果这些你都想做,那么该拿出多少钱来消费,拿出多少钱来作为紧急备用金?又该拿出多少钱来进行投资呢?

要想准确地回答这个问题,就要用到"标准普尔"家庭资产象限图了。

什么是"标准普尔"?

标准普尔是全球最具影响力的信用评级机构,专门提供有关信用评级、风险评估管理、指数编制、投资分析研究、资料处理和价值评估等重要资讯。

标准普尔曾经调研了全球 10 万个资产稳健增长的家庭,分析总结出他们的家庭理财方式,从而得到我们今天要介绍的这个标准普尔家庭资产象限图。

这个象限图也被公认为最科学、最合理稳健的家庭资产分配方式。

了解了标准普尔，那么什么是资产配置呢？

如果要用一句话解释资产配置，那就是：对自己的资金在各个资产之间进行合理安排的一个过程，能做到进可攻退可守，前攻后防，做好合理的资金安排，在突如其来的风险面前也能保障家庭财务的稳定，既不影响正常生活，又能够不断地让钱生钱，逐步实现财务自由。

根据标准普尔家庭资产象限图，把资产的用途分成四份，即：要花的钱、保命的钱、保本升值的钱和生钱的钱（见图16-1）。具体来说，一个家庭的资产应该分成四个部分：一部分用作短期消费，平时吃饭、逛街、买衣服、看电影，偶尔出去旅行一次，钱都从这里出；一部分用来买保险；一部分用来投资，追求稳定的收益，不能亏本；还有一部分资金可以用来买股票、基金等高风险资产，追求钱生钱。

如此，家庭的资产就被划分成4个账户，这4个账户的作用不同，所以资金的投资渠道也各不相同。只有拥有这4个账户，并且按照合理的比例进行分配才能保证家庭资产长期、持续、稳健地增长。

第十六章
幸福家庭的资产配置

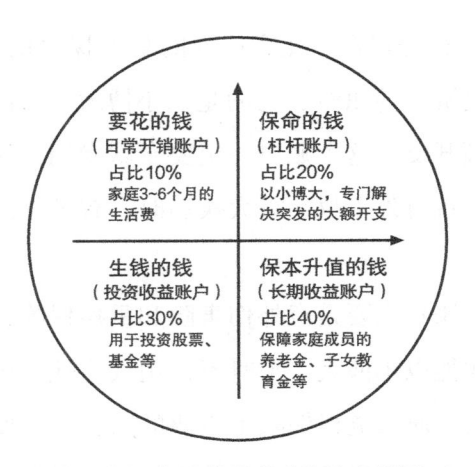

```
要花的钱              保命的钱
（日常开销账户）      （杠杆账户）
占比10%               占比20%
家庭3~6个月的         以小博大，专门解
生活费                决突发的大额开支

生钱的钱              保本升值的钱
（投资收益账户）      （长期收益账户）
占比30%               占比40%
用于投资股票、        保障家庭成员的
基金等                养老金、子女教
                      育金等
```

图 16-1　标准普尔家庭资产象限图

接下来逐一分析这 4 个账户。

（1）日常开销账户。这个账户内的是"要花的钱"，一般占家庭资产的 10%，为家庭 3~6 个月的生活费。通常我们把这部分钱放在活期储蓄的银行卡或能够随时取用的货币基金账户中。

这个账户保障家庭的短期开销，日常生活、买衣服、美容、旅游等都从这个账户中支出。

这个账户大家肯定都有，但是最容易出现的问题是，这个账户占比过高，很多时候正是由于这个账户花销过多，从而导致没有钱投入其他账户。

在此分享一个防范问题小窍门，建议大家作预算、记账，在一定程度上可以控制消费欲望。

139

投资的智慧

(2) 杠杆账户。此账户内的是"保命的钱",一般占家庭资产的 20%,为的是以小博大,专门解决突发的大额开支。这个账户一定要专款专用,保障在家庭成员出现意外事故、重大疾病时,有足够的钱来救急保命。

这个账户主要是意外伤害险和重疾保险,因为只有保险才能以小博大,平时不占用太多钱,用时又有大笔的钱。所以觉得保险不重要的人,一定要重视起来。这个账户平时看不到起什么作用,但是到了关键时刻,只有它才能保障我们不会为了急用钱而卖车卖房、股票低价套现、到处借钱;不会在身患疾病或者意外发生的时候,让家庭陷入绝境。如果没有这个账户,我们的资产会随时面临风险,所以叫保命的钱。

配置这个账户的保险产品时,购买要谨慎,要合理配置。例如,我叔叔曾突发心肌梗死,堂哥说帮他买了保险,结果看病报销的时候才知道,保险公司根本不给报销,因为买的是意外险而不是重疾医疗险。

有些保险代理人为了提高业绩在宣传单上只写保险人的责任,不写免责条款,也就是不会跟投保人说明哪些情况下不赔偿;还有些保险代理人不给投保人看合同,等投保人有病了需要出险时才发现不能报销。

第十六章
幸福家庭的资产配置

所以，投保时一定要主动问清楚，要先看合同，了解免责条款，再作决定。

如果我们能很好地安排自己或者家庭每个月的收入，在留足了短期生活费、必要的保障之后，还有一笔钱可以用来投资，就可以没有后顾之忧地进行投资啦。

（3）投资收益账户。这个账户就是生钱的钱。一般占家庭资产的30%，主要用来为家庭创造收益。

这个账户关键在于合理的占比，也就是要赚得起也要亏得起，无论盈亏都对家庭不能有致命性的打击，这样才能从容地抉择。这就是我们常说的"用闲钱理财，不要借钱炒股，不要把马上要用的钱用来投资"。

这个账户重在收益，要注意的最大的问题是它的偏向性，很多家庭一年占比超过30%用于投资股票、基金等，增大了风险。

投资≠理财，投资是看得见收益就看得见风险。但一些人赚了一些钱，就开始忽视风险，第二年就用家庭中90%的钱去投资了，而如果中间一旦遇到什么需要急用钱的时候，就会导致各种问题，结果可想而知。

为了避免这种现象的发生，可以了解一种50：50

的简单配置法则，具体如下。

把手头准备用于投资的闲钱（注意是"闲钱"），50%投资于股票或者基金，50%投资于低风险固定收益产品，如货币基金、债券等。每隔一段时间进行一次资产再平衡（比如一年），使股票、基金等资产和低风险固定收益资产的比例恢复到50∶50。比如每年12月31日，如果这一年股票大涨，则需要卖出股票，买入货币基金，使调整后的两种资产的市值恢复到各占50%。

投资案例

大牛有10万元钱，在2016年初用5万元买了股票，5万元买了债券基金。那年的债券基金表现不好，但幸运的是股票表现不错，获得了大约15%的收益。

到12月的时候，大牛投资的10万元，债券亏损10%，剩4.5万元；股票盈利15%，有5.75万元；总资产是10.25万元。

这时候债券的占比是43.9%，而股票的占比是56.1%。如果大牛的动态平衡是一年一次的话，这时候他就需要卖掉一部分股票，买入一部分债券基金，让股票和债券的占比继续保持50∶50。

很多人说，把钱在高风险和低风险的资产中进行分配这种方式我了解，可是为什么还要做动态平衡，

第十六章
幸福家庭的资产配置

把更赚钱的资产卖掉而去买不赚钱的呢？

巴菲特有一句非常经典的话诠释了这么做的原因：别人贪婪的时候我恐惧，别人恐惧的时候我贪婪。

在交易市场中，人们往往舍不得卖掉上涨的资产，总是期待它能涨得更高一点。而当某个资产下跌的时候，即便理智上大家会意识到这可能是一个买入的好机会，但是因为恐惧，没有几个人能够真正做到果断出手。

所以动态平衡就强迫我们做了一件平时很难做到的事情：低买高卖。

当股票一跌再跌，在我们的资产占比中越来越小，我们就得不断的补仓，买入更多的股票。

这样，当"牛市"来临的时候，我们会比那些入市晚的人有更大的优势，因为买入的价格低，则成本就低，这样才能获得更大的收益。当别人都在一个劲地追涨时，我们可以卖出股票，买入低风险的资产，那么当"熊市"来临的时候，我们的损失也会比别人小。

这就是一个完整的经济学逻辑，看起来与平时正常的人性思维相反。有很多经济学逻辑，就是违背我们的常规思维的，如果我们没有去学习这些知识，而是用普通人的视角去看待它,那么,我们得到的结果往往与希望相背离。

我们没有办法预测投资市场,但我们可以用这种方式来以不变应万变。用正确的方法、策略投资才能达到保值增值的目的。

(4)长期收益账户。这个账户就是所谓的保本升值的钱,一般占家庭资产的40%,以保障家庭成员的养老金、子女教育金、留给子女的钱等。这是一定要有并需要提前准备的钱。

家庭理财一定要保证本金不能有任何损失,并要能抵御通货膨胀的侵蚀,所以要看重收益不一定高,却长期稳定投资的策略。这个账户最需要注意以下两点:

①不能随意取出使用。不要口里说着要存养老金,却经常被买车或者装修等各种用途用掉。

②每年或每月有固定的钱进入这个账户,才能积少成多,否则就会随手花掉。

我们常听到很多人年轻时如何如何风光,老了却身无分文,贫困潦倒,就是因为没有这个账户。

长期收益账户很适合基金定投之类的投资,是一种很好的储蓄方式。长期收益账户的优点是:保本升值、本金安全、收益稳定、持续成长。

第十六章
幸福家庭的资产配置

以上就是关于标准普尔家庭资产象限图的解读。需要提醒大家的是，比例只是一个大概的参考，毕竟每个人的情况是不一样的，重要的是学习这个方法，比例可以根据自己的情况适当进行调整，不要生搬硬套。

这4个账户就像桌子的4条腿，少了任何一个都有随时倒下的危险，所以一定要及时准备。

我们可以把资金规划好，经济条件充裕的可以同时配置4个账户，如果暂时还不能配置全部4个账户，可以一个账户一个账户地配置，重要的是，我们走在行动的路上。

苏格拉底有句名言：未经审视的人生是不值得过的！

梳理家庭财富，同样是检视自己的人生，只有适合自己的才是最好的，根据自身情况来实现利益最大化，实现美好的家庭生活。

第十七章

用量化思维来衡量职场与学习

第十七章
用量化思维来衡量职场与学习

有朋友跟我说，总觉得自己时间安排得不合理，每天都在瞎忙。本章就带领大家用我们之前学习过的量化思维来衡量一下"职场与学习"。

很多人经常抱怨工作累、工资低，领导总是压榨自己的时间。作为打工者通常会面临这种情况。但是，当我们转换思维，就会发现，领导和你的思维肯定是不一样的，领导更希望一个员工干好三个人的活。

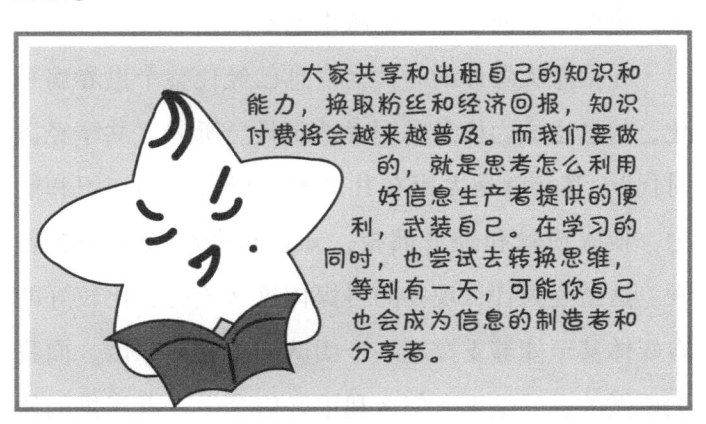

> 大家共享和出租自己的知识和能力，换取粉丝和经济回报，知识付费将会越来越普及。而我们要做的，就是思考怎么利用好信息生产者提供的便利，武装自己。在学习的同时，也尝试去转换思维，等到有一天，可能你自己也会成为信息的制造者和分享者。

领导其实在心里给每个员工都估了价值，大家算过自己职场上的价值吗？下面从时间成本来量化计算我们的价值。

假如一个员工的税前月收入是 4000 元，公司为其缴纳的五险一金大概是 1500 元，则公司为该员工支出的成本就是 5500 元。那么该员工每小时的收入是多少呢？按一个月工作日 23 天，每天 8 小时计算，则其日薪为：5500÷23÷8＝29.89 元/小时，四舍五入，其日薪为 30 元/小时。

这就是我们在职场上的价值。我们提高自己的收入，一个是可以提高单位时间的收入，另外一个就是让劳动持续为自己赚钱。

也有人会说，我的时间没那么值钱，我就喜欢免费的东西。不知道大家想过没有，在付费的大背景下，免费的东西质量只会越来越差。

在信息大爆炸的时代，信息已经让整个世界扁平化，信息也成为信息掌握者的工具。所谓"共享经济时代"，其实就是大家在共享和出租自己的知识和能力，换取粉丝和经济回报，知识付费将会越来越普及。这就是为什么现在的自媒体这么流行，比较好的自媒体甚至能够支撑起一个团队的生存的原因。而我们要做的，就是思考怎么利用好信息生产者提供的便利，进而武装自己。

当然我们在学习的同时，也要尝试去转换思维，因为有一天，可能你自己也会成为信息的制造者和分享者。

步入社会以后，我们慢慢都开始变得理智，在爱好和事业之间兼顾平衡。如果能把自己爱好的事做到

第十七章
用量化思维来衡量职场与学习

极致，并且得到别人的认可，甚至变现，就是最完美的状态，如作家写书、画家作画。

所以，最好的、最基本的投资是投资自己，提升自己才是根本。

我们从出生开始，就开始不断学习，就像为一台电脑裸机装入不同的程序。慢慢地，我们成为能够独立运行的、合格的"电脑"，一台有使用价值的电脑。而最终达到什么样的配置，有什么样的功能，就看个人的学习程度和修炼程度了。

如何才能提升自己单位时间的价值呢？当我们以一个新人的身份到达一个岗位时，就在不断地吸收学习，这时，不仅获得了报酬，也获得了无形的、自我能力的提升，所以，我们工作不是为了公司、为了领导，其实是为了自己。

无论我们买一本书看还是看一场电影，都是在花钱获得别人的知识，其实质就是用金钱换取时间，即用金钱去购买别人的成果，用金钱购买别人的时间，然后吸收，变成自己的本金，用这些有形的本金——金钱，以及无形的本金——投资理财知识，去投资，从而获得收益。

第十八章

普通人如何投资股票?

第十八章

普通人如何投资股票？

第十八章
普通人如何投资股票？

提起股票，很多人都说自己不敢碰，或者再也不碰了。主要原因就是平时看到太多炒股亏钱的例子，或者自己亏损之后如惊弓之鸟，不敢再碰。

其实，很多投资者根本不明白，买股票的本质就是买公司。

我曾问过身边一个炒股亏损的朋友，让他扪心自问，真的投入精力学习研究股票的知识了吗？他的回答很明确：没有！他只是听身边的朋友说哪只股票好就买哪只。

这种对自己的钱财都不负责任的投资者，确实不适合碰股票。

其实，如果能做到在合适的时机选择业绩好的公司买入，正确操作，收益还是不错的。大部分人在股市亏钱，原因就在于他们根本不懂股市，不知道从长期来看，决定股价的是公司本身的价值，更不知道如何给公司估值，并且要在公司价值被低估的时候买入。

所以，不要听到公司的名字就下决定买入，业绩再好的公司，也坚决不能在其股票价格高点的时候买入。只有凭借自己的努力，掌握一套正确的投资方法，才能在股市中获利。

我们都知道，中国股市跟美国股市相比还有一定的差距。其实这其中差距最大的不是股市本身,而是投资者的心态。有多少人是抱着投机的心态来炒股的?有多少人在天天看新闻跟风炒概念股?有多少人听到一个小道消息就杀进股市?有多少人认为牛市来了而一拥而入?有多少人每天都在重复着同样的错误,追涨杀跌?有多少人股票亏损就开始怨天尤人?

还是那个问题,每一个投资者都应该扪心自问,自己真的明白股市的运行逻辑吗?真的了解所买入的股票其公司的价值吗?哪些是绩优股,哪些是垃圾股,知道如何分辨吗?

所以说,是时候换一种方式对待中国股市了。用学习取代吐槽,用了解替代忽视,这样,我们才有机会在股市中获得合理的回报,成为股市投资的赢家。

普通人为什么要投资股票?炒股风险那么高,普通人为什么还要投资股票呢?因为投资股票可以享受人类发展的红利。股票的背后是公司,只要人类文明继续发展,人类创造的财富就会不断积累,而这些财富最重要的载体,就是公司。

所以,如果一个人想要享受人类文明进步带来的财富福利,前提是要学会投资,而不是盲目乱投逐利。

为什么说普通人投资股票也能获利呢?

第十八章
普通人如何投资股票？

第一，互联网打破了过去信息不对称的格局，普通人只要学会方法，就能比较准确地判断一家公司的好坏。

信息不发达的时代，要搞到一张公司年报十分困难，需要上门调研公司，坐着交通工具到处跑，一年下来最多跑几十家公司，辛苦不说，效率还很低。而现在，我们使用各种软件和网站就可以很方便地选出估值合理的股票，鼠标一点，就可以看到所有公司的各项财务数据。可以说，机构投资者与普通个人投资者在信息方面已经是站在同一起跑线了。

第二，投资股票，更方便进入或退出一个行业，投资回报周期更短。

在传统的企业投资中，需要买地、建厂房、买设备、培训工人等一系列的前期准备工作。当这个企业开始正式盈利时，可能三五年已经过去了，且仅仅是盈利，成本还远远没有收回来，一旦行业整体进入低谷期，这时候该怎么办？难道才刚起步就要卖掉一切重新开始投资其他行业吗？

这显然不现实，因为流动性太差。但是作为一个股票投资者，却可以今年投资地产行业，明年切换到银行行业；今年投资A股，明年又可以投资港股。

这就是电子化交易的巨大便利，是投资实体经济无法带来的优势。

第三，只要掌握了正确的方法，投资股票更容易获利。

同样一只股票，今天可能是10元，一个月之后价格可能会跌到9元，两个月后又可能回到10元。正是因为股票存在这种波动现象，所以股市从来不缺乏便宜股。只要掌握了正确的方法，在股市中获利并非难事。在一家优秀的公司被低估时买入，耐心持有，等到回到正常价值时卖出即可获利。就是这么一个简单的"三板斧"，赚钱水到渠成。

在阶层逐渐固化的时代，对于普通人来说，从低产到中产，或者从中产到富有，股票投资是很好的选择之一。当然，前提还是要先系统地学习股票知识和投资逻辑，学会如何分析行业和公司。

那么，如何投资股票呢？

分析股票，要列出衡量标准，要具体情况具体分析。如果一家上市公司的产品在市场上有竞争优势，我们就可以在财报中看到营业收入的逐步增长。而一旦市场竞争激烈，日子不好过，我们也可以在财报中看到利润逐步下滑，应收账款（白条）逐渐增多的过程。

财报是判断上市公司好坏的一个非常重要的依

第十八章
普通人如何投资股票？

据。选一只好股票的三大标准为：能赚钱；有独特的优势；目前价格便宜。记住了这三大标准，然后具体去分析目标公司。至于如何去分析一家公司是否符合以上三个标准，必须要掌握一定的知识和方法后才能做到。

比如衡量一只股票的价格目前是否便宜，要看它的估值，这就需要我们先了解估值指标。通常所说的估值指标有三个：市盈率、市净率、股息率。

投资股票的时候，会遇到各种风险，所以，大家一定要有资金损失的心理准备。投资股票常遇到的风险及规避方法如下。

（1）买到"垃圾股"，把钱投资给业绩差的公司。这点可以通过学习基本面分析并规避。

（2）遇到"黑天鹅"事件。什么是黑天鹅事件呢？就是突发的坏事情，比如中国奶制品污染事件，这起食品安全事故导致国内所有奶制品公司股价大跌。因此，为了避免黑天鹅事件对我们造成太大的损失，需要建立投资组合，而不是只盯着一只股票。尽量做到合理分散资金，从而使收益更加平稳。

（3）系统性风险。比如2015年的股灾，无论是业绩好的公司还是业绩差的公司，都跌得很惨。这类风险很难躲过，因此，平时还是要多听多看，学会估值，价值低估的时候买入，给自己留住安全边际，要避免踩高，或者贪心。

当市场行情整体低估的时候，我们要做的是选择估值低的优质公司去投资；而当市场行情逐渐回归价值，或者是市场行情整体高涨的时候，这时候我们就可以考虑获利离场了。

卖出股票有三个条件，即：股票变坏了、变贵了、有更好的了。

变坏了，是指公司业绩变差了，已经不是当年的"高富帅"了。

变贵了，就是该股票价格远远超过了公司的自身价值。

有更好的了，就是找到了业绩更好的公司、更好的投资标的。

在这三个条件下，我们就可以卖出手里的股票，来更换新股票了。

很多人会问，股票有上千只，要如何才能选到优质潜力股呢？

其实选股跟找伴侣是一样的道理。找伴侣要找一个能长相厮守的人，而不是仅仅找一个临时依靠，因此，在相亲（选股）的时候，最好还是仔仔细细地问清楚才好，了解清楚，才能降低未来婚姻不幸福的风

第十八章
普通人如何投资股票？

险，这就需要你具备一定的判断能力。而找到一个好公司，就像看见合适的恋爱对象，买入这只股票，就是确定了恋爱关系。长期持有，如同结婚，持有（结婚）的基础是对方的发展能满足你的期待，以及你愿意陪对方继续生活。

如果利润增长不及预期（股价下跌），又或者行业出现黑天鹅事件，这个时候，你选择放弃还是继续持有呢？这种情况，就像对方事业发展不顺利，或者在生活中出现不如意，影响了生活质量，这时你是选择分手还是选择坚守？

股票里的人性和现实生活中的人性是一样的，你在对方事业发展不顺利的时候彻底离开，如果对方真的很有潜力，那么你就可能错失。

所以我们要做的，就是通过各种分析判断，来看清这个人（公司），给他打个分数（估值）。在别人还没认清的时候下手（低估买入），提高我们未来生活幸福的可能性（获得收益）。

我们在选择伴侣的时候要看对方的条件和背景，然后从众多的人选中寻找出最符合你的理想对象。

同样的道理，选股的时候一定要多看不同行业、不同类型的公司，在看过众多只股票后，你要评估该公司的市值，包括市盈率、公司年报、公司的优势和劣势，等等，才能找到中意的优质股。

一般来说，如果一个企业专攻一个领域，精通一项技能，并且这个技能还能为企业带来财富，那么这个企业绝对是一只优质潜力股。比如茅台专注酿酒、苹果专注做手机和电脑，都是专注于把产品质量做到极致。这类股票就是我们经常听到的"白马股"。

白马股的名字由"白马王子"一词而来，这类股的股价走势一般都是呈稳健上涨趋势。从它们的历史股价表现可以明显看出，这类股的股价很少有短期的大幅上涨或者下跌情况，虽然也会波动，但是长期看一直稳步向上，就像温柔的白马王子，总是给人稳稳的幸福。

因此，可总结出白马股有三个特点：投资回报率高；长期业绩优秀；信息相对可靠。

那么，投资回报率多少算高？怎么判断长期业绩优秀？这些数据和判断标准从哪来呢？

分析一家公司是不是好公司，最重要的是看财报！

财报即财务报表，它就像上市公司交出的"体检表"，我们需要通过体检表的各项数据来分析判断一家公司是不是健康的，是不是有哪些指标存在问题，偏离了合理的数据范围。

第十八章
普通人如何投资股票？

财报里有投资者关注的各项数据，包括营业收入、营业成本、净利润、净资产收益等。在财报的开头，往往还提供了公司一年的发展情况以及未来的发展目标，这在很大程度上反映了公司管理层的市场敏锐度和战略眼光。

可能有人会问，财报是过去的数据，而股价反映的是当下和未来的发展，所以会不会不准？

这个问题问得非常好，我们首先要明白财报对于投资的意义主要在哪里。

（1）公司发展要有一个过程，不是一夜之间就能变好或者变坏的。公司的发展是一个逐渐变化的过程，就像参天大树是从树苗长起来的一样。通过观察过去财报变化的趋势，可以使我们当下的判断更准确。所以，在分析一家公司业绩的时候，通常会取这家公司5年甚至10年的数据作分析。

（2）财报能够反映一家公司的优势。财报在一定程度上可以检验上市公司在行业内的竞争能力和所处水平。比如跟同行业的财报对比，这家公司的营业收入怎么样？占了多少比例？利润与同行相比怎么样？是不是成本更低更有优势？

（3）一年的财务数据漂亮并不能说明什么问题，但如果公司近三年、五年、十年的数据都很亮眼，那么至少说明,这家公司在过去十年里都是一个"好学生"。好学生拿高分的概率,自然比成绩差的学生拿高分的概率要大。

以上就是我们分析财报来判断一家公司是否具备投资价值的大体思路。

价值投资本来就是用来分析公司的,它还可以应用于很多方面。比如创业,我们需要知道这个行业的前景如何,赚钱的商业逻辑是什么,如何招人、控制成本,以及如何拓展和维护客户等。

就像一个人应聘或者跳槽,要先了解所应聘公司的情况,包括发展前景、业务水平、薪酬待遇、晋升空间等,这些都是需要分析的。

分析年报,不仅能够让我们找到好公司、好股票,在这个过程中,还会发现,原本从下往上看的视角,变成了从上往下看。

你会把初入职场时只想着的升职加薪、学生时代只想着的找份稳定或者所谓的好工作,切换思维,变成怎么看公司和部门,判断出自身的价值和天花板在哪里,也就是跳出圈子去思考,从而找到自己更清晰的定位和未来的发展方向。

第十九章

手把手教你捕捉优质基金

第十九章
手把手教你捕捉优质基金

"微笑曲线"是经济学中用于描述产业分工与附加值分配的概念模型。基金定投中的微笑曲线描绘的是基金净值先下跌后回升的过程（见图19-1）。在这个过程中，投资者通过不停地定投买入，使成本不断下降，手中持有的基金份额不断增加，待到资金反弹回升时，通过手中积累的筹码快速获得收益。那么，如何寻到微笑曲线呢？

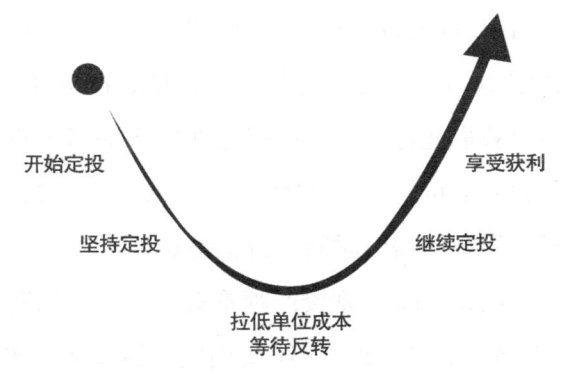

开始定投　　　　　　　　享受获利

坚持定投　　　　　　继续定投

拉低单位成本
等待反转

图 19-1　基金定投的微笑曲线

有一个朋友一直觉得定投就是每个月投资就好，一旦确定日期跟投资金额，就觉得没必要继续学习了，只要60岁的时候看自己的账户就可以了。结果，定投了大半年，始终都是负收益。因为只要别人推荐一只基金他就跟着买，没有计划，也没有技巧，结果跌得很惨。原本想给自己定投出一笔梦想资金，结果非但没有跑赢通胀，还亏了！

其实，选基金是有技巧的，并不是单纯的每个月到时间就把钱划到基金账户那么简单。下面给大家分享一个基金定投中非常重要的法则——72法则。

72法则就是以1%的复利计息，72年后（72是约数，准确值是in2/in1.01）本金翻番的规律，即：

72÷利率=投资翻倍所需的年限

假设盲目投资，如果年化收益率是5%的话（事实上盲目投资的大部分人是亏损的），那么72除以5，得到数字14.4，代表我们资产翻倍需要14.4年。

假设我们通过学习，运用定期定额的基金投资方法，年化收益可以达到12%，那么72除以12，就是我们投资翻番所需的时间，也就是6年。

年化收益15%，则资产翻番需要多长时间呢？用72除以15，得到4.8，说明我们资产翻番就只要4.8年。也就是说，同样的本金，仅仅相差了3%的收益，则资产翻番的时间就少了将近1.2年。

所以，收益率很重要，学习提高收益率的方法和策略也很重要。如果你想要积累财富，而你拥有的时间越来越少（或者说你想花费的时间越来越短），你就越需要学习如何提高收益率。

如何判断微笑曲线的起点呢？是根据指数涨跌，还是根据指数点位呢？

第十九章
手把手教你捕捉优质基金

答案是这些都不科学。就连巴菲特都说,永远不要去预测股市明天的涨跌,因为股票价格受太多不可控因素的影响,包括国家宏观政策、股民的非理性决策、公司生产运营情况等。

正确的答案是:估值。我们要做的是学会估值,根据估值来决定是否投入。

估值可以用作判断标准的原因就在于,股票价格是对公司价值的反映,我们可以根据公司过去披露的财务报表中的数据对公司进行估值,将这个估值结果和现在的股票价格进行对比,从而判断现在股价相对于公司内在价值的高低。

那么具体要定投多少呢?这个是有技巧的,根据测算,使用正确的定投姿势和策略至少能让收益率提高 5%~10%。

定投的原则其实和平时购物的原则是一样的,在超市或者商场大促的时候,油、米、卫生纸等生活必需品都在打折,我们会趁着价格便宜,多买些囤起来。

定投也是如此,我们可以根据测算,在指数估值低的时候多买入,也就是在价格便宜的时候多买,在估值高的时候少买,甚至不买。

这其实也是价值投资的基本原理,在低价时买入投资品，在价高的时候卖出，这样才能降低投资风险，稳定地获取投资收益。

下面，通过衡量指数便宜与否的量化指标，详细介绍如何才能选好的产品定投。

根据自己目前的情况，制订属于自己的定投计划，比如当前有多少存款？当下的收入如何？抗风险能力怎么样？从而判断拿出多少资金来做基金定投合适，这就是我们每个月的投资基数。

比如我们每月拿出 2000 元钱来投资，正赶上 10 月创业板指大促销，价格十分便宜，那么我们就可以考虑把 2000 元全部投入创业板。

到了下个月，创业板估值变高，之前买到的这只指数基金的价格也相应升高，我们就可以少买一些，比如只买 2000 元的 75%，也就是 1500 元，剩余的 500 元钱则暂存在货币基金里。等到再次遇到大促时，把货币基金里的钱拿出来，全部买入。

作为一名理智的投资者，我们在准备开始投资理财之前，一定要了解要投资的产品的特性，有什么好处？会存在哪些风险点？知己知彼方能百战不殆。

想通过投资基金赚钱，就要知道基金究竟是什么，它的优势是什么，容易给人造成什么样的误区。

通过基金定投计划，只要年化收益率达到 12%，

60 岁退休时，就轻松比别人多出百万财富。

其实，理财本身是帮你树立一个正确的生活态度，不要找借口，更不要为了现在的安逸而透支未来。眼光只盯着现在，寄望于"等我以后有钱了再理财"，当你把今天耗完，就已经被时间和勤奋的人甩出了好远。

结语

学习理财是一个长期的过程，很难一蹴而就，一蹴而就的都是投机。而且，边学边进行实操也是非常重要的。在实操的过程中再吸取经验，反复探索，如此循环，才能最终积攒出属于自己的知识体系。